LIOBANI
ICH ERKLÄRE - MACHST DU MIT?

LIOBANI

ICH ERKLÄRE - MACHST DU MIT?

Gabriele-Verlag
Das Wort

2. Auflage Dezember 2011
© Gabriele-Verlag Das Wort GmbH
Max-Braun-Straße 2
97828 Marktheidenfeld-Altfeld
Tel. 09391/504-135, Fax 09391/504-133

Internet: www.gabriele-verlag.de
e-mail: info@gabriele-verlag.de

Druck: KlarDruck, Marktheidenfeld

Cover Bildnachweis:
Skateboarder © Biletskiy Evgeniy Fotolia.com
Jugendlicher mit Geige © Thomas hammer Fotolia.com. Junge mit Hund
© Fotoimpressionen Fotolia.com Hausaufgaben © Kitty Fotolia.com

ISBN 978-3-89201-336-5

Inhalt

*Gehst du den Weg
der Freude und Heiterkeit
bis ins hohe Lebensalter?*

*Dann nimm an die geistigen Lehren
und Wegweisungen für Jugendliche
von zwölf bis achtzehn Jahren,
offenbart von Liobani,
einem Engel des Herrn,
durch Gabriele, die Prophetin und
Botschafterin Gottes.*

Einführung

Die göttliche Welt ist jenen Menschen sehr nahe, die sich täglich bemühen, den Willen Gottes zu erfüllen.

Diese Offenbarung wurde den Jugendlichen vom 12. bis zum vollendeten 18. Lebensjahr gegeben.

Erwachsene, die noch lernen möchten, werden für ihr Leben ebenfalls das finden, was sie auf dem Wege zu Gott weiterbringt. Auch den Eltern werden diese Wahrheiten eine Hilfe sein, denn sie werden für ihre heranwachsenden Kinder mehr Verständnis bekommen – ob diese noch in der Schule sind oder schon im Berufsleben stehen.

Die Kinder dieser Erde wachsen heran; sie werden Jugendliche und Erwachsene. Kinder, Jugendliche und Erwachsene sollten sich mehr und mehr bewusst werden, dass sie nur Gast auf dieser Erde sind. Jeder Gast auf Erden sollte sich so verhalten, wie es sich der Gastgeber, Gott, unser Vater, von Seinen Menschenkindern wünscht.

Gott, das Gesetz der Liebe, hält den Menschen an, so zu denken und zu leben, wie es das Gesetz, Gott, der Gastgeber der Liebe, von Seinen Menschenkindern wünscht – damit diese wieder ihr Erbe der Unendlichkeit antreten können. Dieses Erbe ist die gesamte reine kosmische Strahlung der Unendlichkeit. Jedes Geistwesen ist die Essenz daraus. Alles reine Sein ist reine kosmische Strahlung, das Gesetz der ewig selbstlosen Liebe.

In jedem Menschen befindet sich ein geistiger Leib, der – solange er sich im materiellen Körper befindet – *Seele* genannt wird. Der reine geistige Leib kommt aus dem reinen Sein, von Gott.

Die Seele ist unterschiedlich belastet, also verschattet. Somit ist die Seele im Menschen als Gast auf dieser Erde; sie kehrt zu Gott, ihrem Ursprung, zurück, wenn ihre Belastungen, ihre Sünden, bereinigt sind. Ist sie geläutert, also wieder rein, dann kehrt der reine geistige Leib zu Gott zurück in die ewige kosmische Strahlung.

Der Mensch besteht aus drei unterschiedlich schwingenden Energien, die eine Drei-Einheit bilden. Er besteht aus dem unbelastbaren *Geist*, Gott, dem Gesetz der Liebe, aus der *Seele* und aus dem materiellen *Körper*.

Der unbelastbare Wesenskern, der Geist, Gott, wird umschlossen vom geistigen Leib, dem Ätherleib, der mit seiner Umhüllung Seele genannt wird. Der materielle Leib, der menschliche Organismus also, umschließt wiederum den Seelenleib. Daher besteht der Mensch aus Geist, Seele und materiellem Leib.

Während der Wanderschaft über diese Erde befindet sich die Seele also in einem menschlichen Körper. Beide, Seele und Mensch, haben auf dieser Wanderschaft über diese Erde – auf der sie nur Gast sind – die

Aufgabe, die ewigen göttlichen Gesetze zu verwirklichen und ein gottgewolltes Leben zu führen.

Bemüht sich der Gast auf der Erde, der Mensch, die göttlichen Gesetze zu erfüllen, dann wird die Seele wieder rein und der Geistleib wieder universelles Sein, also das Gesetz der Liebe selbst. Das Geistwesen, der reine Ätherleib, ist wieder bewusst das Kind, der Sohn oder die Tochter, Gottes.

Wer sich bemüht, die Gesetze Gottes in sich zu entfalten, das heißt, sein geistiges Wesen, den Geistleib, wieder erstrahlen zu lassen, der ist auch von lichten, göttlichen Kräften umgeben.

Die Seele des Menschen ist mit einem großen Magneten vergleichbar. Die Seele, der Magnet, zieht das an, was der Mensch empfindet, denkt und spricht. Auch die Taten des Menschen werden von ihr registriert, ebenso seine Handlungsweise.

Das bedeutet: Die Seele im Menschen ist das *Buch des Lebens*. Sie registriert sowohl das Positive als auch das Negative. Somit geht alles, was vom Menschen ausgeht, wieder in ihn, das heißt in seine Seele, ein. Es bleibt also alles in der Seele verzeichnet, was sie auf ihren Erdenwanderungen an Menschlichem empfunden, gedacht, gesprochen und getan hat, und somit auch alles, was nicht vergeben und daher auch nicht gelöscht ist.

Durch gute, selbstlose Empfindungen, Gedanken, Worte und Werke wird es in der Seele hell. Die Seele empfängt Licht und Kraft – und der Mensch, die Hülle der Seele, wird gesund, glücklich und froh.

Sowohl die positiven Kräfte formen und gestalten den Menschen als auch die negativen Kräfte. Die positiven Kräfte bewirken eine feinere Körperstruktur. Die Sinne des Menschen werden verfeinert, seine ganze Ausstrahlung wird reiner und schöner. Auch wenn der irdische Leib welkt, bleibt die Ausstrahlung jugendlich, weil die Seele von Licht und Kraft durchdrungen ist. Wenn auch der Körper im Alter welkt – der Mensch behält die jugendliche Frische.

Was in der Seele ist, Licht oder Schatten, strahlt durch den Organismus des Menschen und prägt ihn. Äußere Zeichen einer reifen, vom Lichte Gottes durchdrungenen Seele sind harmonische Gesten, ein aufrechter Gang, ein freies, leuchtendes Antlitz, eine ausgewogene Sprache, in der Liebe und Friede schwingen. Auch wie und was der Mensch isst, wie und was er trinkt oder wie er sich kleidet – alles deutet darauf hin, ob ihn das Licht durchdringt oder ob er im Schatten seines Fehlverhaltens lebt.

Das wahre Leben ist *im* Menschen und nicht außerhalb von ihm. Deshalb sollte der Mensch schon von Kindheit an entsprechend belehrt und erzogen werden, um dieses innere Leben zu entwickeln.

Schon in frühester Kindheit sollten die Eltern dem Kind nahebringen, warum es auf der Erde ist und dass es aus der Drei-Einheit besteht: aus Geist, Seele und

Körper. Das Kind sollte das Gesetz von Saat und Ernte kennen – und wissen, dass Schicksale nicht von außen über uns kommen, sondern aus der eigenen, belasteten Seele, dass äußere Dinge nur die Anstöße geben. Das Kind sollte auch von dem Gesetz der Wiederverkörperung wissen; es sollte wissen, dass die Seele so lange in das Fleisch geht, bis sie sich von ihrer Bindung an die Materie, von ihren Wünschen und Sehnsüchten, gelöst hat. Auch über die Wirkung ungesühnter Ursachen sollte das Kind unterwiesen werden: Die Seele ist so lange an eine andere Seele gebunden und kann mit dieser so lange zusammengeführt werden, bis beide durch Vergebung, Bitte um Vergebung und Wiedergutmachung bereinigt haben, was in ihren Seelen an Belastung lag.

Die Eltern haben Gott und ihren Kindern gegenüber eine große Verantwortung. Ihnen obliegt die Pflicht, ihre Kinder nicht nur nach den göttlichen Gesetzen zu erziehen und sie zu lehren, was Gott, unser himmlischer Vater, von ihnen wünscht; beide tragen auch die Verantwortung – jeder Elternteil für sich –, ihren Kindern echte Vorbilder zu sein, nicht nur theoretische Lehrmeister! Erst wenn die Eltern selbst das *verwirklicht* haben, was sie ihre Kinder lehren, werden diese die Hinweise ihrer Eltern gern annehmen und auch befolgen.

Wer aus der eigenen Verwirklichung heraus seine Kinder unterweist und führt, ist gütig und verantwortungsbewusst. Er spürt jeweils den rechten Augenblick, um seinem Kind das zu sagen, was für dieses gerade wesentlich, heilsam und gut ist. Eltern, die aus dem Schatz der eigenen Verwirklichung ihre Kinder führen und leiten, empfinden auch, wenn sich diese gegen einen Hinweis verschließen; sie wissen auch, wie sie ihr Kind unterweisen sollen, damit ihr Rat in das Herz des Kindes fällt, von ihm angenommen und auch befolgt werden kann.

Aus dem ewigen göttlichen Reich übermittle ich, Liobani, nun die ewigen Gesetze, die Botschaft der selbstlosen Liebe, und das Gesetz von Saat und Ernte. Für meine Menschengeschwister nenne ich mich Liobani. Ich bin eine himmlische Schwester und übermittle die ewige Wahrheit allen willigen, zu Gott strebenden Menschen, insbesondere den jungen Geschwistern vom 12. bis zum vollendeten 18. Lebensjahr. Jedoch auch jenen Menschen, die nach dem irdischen Naturgesetz schon älter sind, kann die ewige Wahrheit eine tiefe Bereicherung für ihr Erdenleben sein.

Im Universellen Leben, dem Erlöserwerk Christi für alle Menschen, wird die innere Lebensschule gelehrt. Sie umfasst alle sieben Entwicklungsstufen — bis hin zur Vollendung, zum Urquell, Gott. Viele Erwachsene gehen schon diesen Inneren Weg der Liebe zu Gott.

Manchen Erwachsenen fällt es sehr schwer umzudenken, die alten, eingefahrenen Geleise zu verlassen, die alten Schablonen ihres menschlichen Ichs abzulegen und statt dessen gesetzmäßig zu empfinden, zu denken, zu sprechen und zu handeln.

Wir können den Menschen mit einem sogenannten Computer vergleichen. Wenn die Daten und somit die Programme schon lange im älteren Menschen einge-speichert sind, bedarf es unter Umständen eines großen Zeitaufwandes und vieler Mühe, das alte Programm zu löschen. Dagegen hat es der Jugendliche um vieles leichter. Zwar hat auch seine Seele Licht und Schatten mit in das Erdenleben gebracht, jedoch sind seine Ge-hirnzellen noch nicht mit menschlichen Denkmustern, mit alten Gewohnheiten und Wünschen programmiert.

Der junge Mensch ist wie ein junger Baum. Er lässt sich noch leicht biegen. Ein alter Mensch ist wie ein alter Baum, der schon jahrzehntelang an seinem Platz fest verwurzelt ist und sich nicht mehr biegen lässt; er fährt in seinen eingefahrenen Geleisen, aus denen er nur schwer herauskommt. Das heißt: Es fällt ihm in vielen Dingen sehr schwer umzudenken, den alten, menschlichen Mustern nun göttliche Gedanken ent-gegenzusetzen, um Vergebung zu bitten und zu ver-geben.

Die Liebe und Gnade unseres himmlischen Vaters in Christus macht es jedoch *jedem* Menschenkind möglich, die alten Einengungen, die alten Muster, zu sprengen, die alten Gewohnheiten aufzugeben, aus den menschlichen Denkschablonen herauszufinden und die göttlichen Gesetze zu verwirklichen. Der Herr des Lebens vermag alles, wenn der Mensch bereit ist umzudenken. Dann findet er vom menschlichen, ichbezogenen Denken zum universellen Denken – zu Liebe, Frieden und Harmonie. Dann findet auch er in jedem Menschen das Gute, da in allem Gegensätzlichen der gute Kern ist.

Liebes Geschwister, das du noch jung an irdischen Jahren bist, ich offenbare mich durch einen Menschen, den unser ewiger Herr Seine Prophetin und Botschafterin nennt. Durch sie übermittelt Er dir die göttliche Wahrheit, das ewige Gesetz.

Wohlgemerkt, ich *übermittle* dir nur die ewige Wahrheit und erkläre, wie du sie erlangen kannst. Denn wisse: Gott gießt Sein ewiges Gesetz, die ewige Wahrheit, in die Materie; doch Er respektiert den freien Willen Seiner Kinder. Deshalb ist es dir überlassen, ob du meine Erklärungen annimmst und dich bemühst, sie zu verwirklichen, oder ob du sie ablehnst.

Wenn du jedoch mit vielen Menschen den selbstlosen Weg der Liebe wandelst, wenn du also mitmachst, dann freut sich der ganze Himmel. Christus, dein Erlöser, ist der gute Hirte. Er freut sich über jedes Schaf, das zu Seiner Herde findet. Und wir göttlichen Geschwister freuen uns mit Ihm.

Liobani,
eine Schwester aus dem Lichte

Der geistige Leib der Kinder Gottes – Die geistigen Atome der Seele – Jede Energie hat ihre eigene Farbe – Das Lichtfeld der Seele, die Aura des Menschen

Lieber Bruder, liebe Schwester!

Es ist mein Wunsch, dich als meinen Bruder oder als meine Schwester ansprechen zu dürfen.

Ich freue mich darüber, wenn du diese Bezeichnung als Gruß aus den Himmeln gerne annimmst. Im Geiste Gottes bist du mein Bruder oder meine Schwester. Im Reiche Gottes sind wir alle Geschwister, da wir *einem* himmlischen Vater angehören, der uns auch Mutter ist. Es ist der Vater-Mutter-Gott, der unseren geistigen Leib geschaut und geschaffen hat.

Wir sind Geschwister – ob du dich im Erdenkleid befindest oder ich im Geistkleide bin, also nicht verkörpert. In Gott sind wir eins. Ob wir uns sehen oder nicht sehen können, ist unwesentlich. Durch die Kraft Gottes sind wir verbunden und Geschwister.

Wisse: Solange die Seele, der geistige Körper, sich im Erdenkleid befindet, schaut sie durch die Augen des Menschen und sieht oftmals nur das, was der Mensch zu sehen vermag.

Du wirst dich über diese Aussage wundern: Die Seele sieht nur das, was der Mensch zu sehen vermag. Ich möchte sie dir näher erklären:

Der geistige Leib, der in deinem materiellen Körper wirkt, ist von feinen, ätherischen Hüllen umgeben. Diese Hüllen nennen wir auch die *Aura* des Menschen.

In deinem geistigen Leib, deiner Seele, ist alles gespeichert, was du in deinen irdischen Vorleben und in diesem irdischen Dasein empfunden, gedacht und gesprochen hast. Auch all dein Handeln ist in deiner Seele registriert. Was du an Menschlichem* noch nicht bereinigt hast, das strahlt nun aus deiner Seele in deinen Erdenkörper. Davon ist der Mensch geprägt; es wirkt auch auf seine Sinne ein. Deine Seele speichert auch weiterhin alles, was du empfindest, denkst, sprichst und tust, solange du auf der Erde als Mensch lebst.

Die Augen der Seele blicken licht oder dunkel. Es kommt ganz darauf an, was der Mensch in seiner Seele an Licht oder Schatten gespeichert hat. Die Seele schaut durch den Menschen hindurch; sie registriert nur so viel, wie seine Augen zu sehen vermögen und seine anderen Sinne zu erfassen imstande sind.

Des Menschen Sinne werden entweder von dem Licht seiner Seele *geführt* oder von ihren Belastungen *gesteuert*. Der Mensch sieht nur entsprechend seinen Licht- und Schattenseiten, gemäß seinen Gedanken, Worten und seinen Handlungen. Ein gütiger Mensch findet in allem das Gute. Ein negativ gepolter Mensch sucht in allem das Negative.

---

* Gemeint ist das niedere Menschliche, das Allzumenschliche.

Dich interessiert gewiss, wie der geistige Leib aufgebaut ist und auf welche Weise der menschliche Körper entstanden ist. Du musst wissen: Der irdische Leib besteht aus kompakter Energie. Sie bildet die Zellen, Knochen, Sehnen, Muskeln, Bänder, Drüsen, Gefäße und alles, woraus sich der Organismus zusammensetzt. Im Vergleich zum geistigen Leib ist der irdische Körper massiv, fest und unflexibel.

Der geistige Leib dagegen ist ein vollflexibles Gebilde, denn er hat weder Knochen noch Sehnen und Muskeln; er hat weder Drüsen noch Gefäße; er hat weder Blut noch sonstige Stoffe. Der geistige Leib besteht durch und durch aus geistigen Partikeln. Du kannst dir die geistigen Partikel wie Bienenwaben vorstellen oder wie die Schuppen eines Fisches. In vielen Schichten reihen sich die Partikel aneinander und sind – ähnlich wie die Schuppen beim Fisch – übereinander gelagert.

Ich wiederhole: Die geistigen Partikel sind ähnlich angeordnet wie die Schuppen beim Fisch. Sie liegen schichtweise übereinander. Jede Schicht von Partikeln – auch Partikelfeld, Partikeleinheit oder Partikelbereich genannt – fasst in sich einen großen Bewusstseinsbereich der Unendlichkeit: z.B. den Bewusstseinsbereich der Mineralien, der Pflanzen, der Tiere, der Naturwesen, der vier geistigen Elemente Feuer, Wasser, Erde und Luft und nicht zuletzt das gesamte kosmische Geschehen in der Schöpfung und in den unzähligen Strahlenwegen der ewigen Heimat. Das alles in allem ist das Gesetz Gottes.

Die Partikel des ganzen Geistkörpers enthalten also alle Bewusstseinsbereiche der Unendlichkeit. Jedes Partikelfeld ist Bewusstsein der Unendlichkeit. Der ganze Geistkörper besteht somit aus sämtlichen Bewusstseinsbereichen des reinen Seins, des universellen Lebens.

Der Geist des Vater-Mutter-Gottes ist strömende Energie. Diese ist der Luft vergleichbar, die du atmest. Sie enthält viele Bestandteile, die dein Körper benötigt. Auf ähnliche Weise wird das Geistwesen von der geistigen Energie, Gott, durchdrungen, also beatmet – und es atmet den Odem Gottes, die strömende Energie, Gott. Dein Körper wird von der Luft und von der Nahrung versorgt, dein geistiger Leib von der Energie, Gott.

Das Geistwesen wird also von der Gottesenergie durchatmet; es lebt von der ewig strömenden Gottesenergie, die alles mit Kraft und Licht erhält. Auf Erden dagegen wird alles von Feststoff erhalten, wie z.B. von den Früchten des Feldes und des Waldes.

Die Energie, Gott, das Leben des Ganzen, wird auch der strömende göttliche *Äther* genannt. Das Geistwesen bedarf nicht der grobstofflichen Nahrung wie der menschliche Leib. Es lebt von der Gottesenergie, dem universellen Äther, der alle Partikel durchströmt und ernährt.

Ich fasse zusammen: Solange du Mensch bist, brauchst du die irdische Nahrung, die Früchte des Feldes. Der geistige Leib hingegen wird von dem universellen Äther, Gott, erhalten.

Du wirst nun die Frage stellen, was sich wohl in den geistigen Partikeln deines Geistleibes befindet und womit diese Partikel aufgebaut sind.

Die geistigen Partikel selbst und ihr Inhalt bestehen aus unzähligen *geistigen Atomen*. Die geistige Welt besteht aus geistiger, feinstofflicher Energie, aus geistigen Atomen – so, wie die Materie aus grobstofflicher Energie besteht, aus materiellen Atomen. Die ganze Unendlichkeit, alles Sein, ist aus den wohlgeordneten *fünf geistigen Atomarten* aufgebaut.

In den geistigen Atomen wirkt auch das Schöpfungsprinzip. Es sind die vier Elementarkräfte *Ordnung, Wille, Weisheit* und *Ernst*, die Schöpfungs- und Schaffungsenergien.

Im Zentrum dieser kosmisch-atomaren Schöpfungs- und Schaffungsenergien ist eine mächtige Pulsationsenergie, wir könnten auch sagen ein Atom im Atom. Diese mächtige Pulsationsenergie – auch das Pulsationsatom genannt – besteht aus den drei Kindschaftskräften. Es sind die *Liebe*, die stärkste Kraft in der Unendlichkeit und in den Kindern Gottes, des weiteren die Kräfte der Sanftmut, auch *Geduld* genannt, und die *Barmherzigkeit*, auch Güte und Demut genannt.

Jene fünf geistigen Atomarten, von denen du gehört hast, sind im Einzelnen die *Pulsationsatome*, die *Frucht-*

barkeitsatome, die *Trägeratome*, die *Schaffungsatome* und die *Entwicklungsatome*. Aus diesen fünf geistigen Atomarten ist die ganze Unendlichkeit aufgebaut. Auch im Geiste ist alles von atomarer Struktur.

Jedes geistige Atom in den einzelnen Partikeln des Geistleibes sowie in der ganzen Unendlichkeit ist auf das Zentralgestirn der Unendlichkeit, die *Urzentralsonne*, ausgerichtet und auf deren *Prismensonnen*, die das Licht der Urzentralsonne in Spektrallichter zerlegen und in die Unendlichkeit strahlen.

Die Urzentralsonne ist das Vater-Mutter-Geist-Prinzip, das spendende und empfangende Prinzip. Das Vater-Mutter-Prinzip, die Urzentralsonne, speist durch sieben Prismensonnen – auch zweite Ursonnen genannt – die ganze Unendlichkeit.

So kann auch das materielle Leben nur durch das Licht aus Gott existieren. Alle Lebensformen, wie z.B. Steine, Mineralien, Pflanzen und Tiere, sind Bewusstseinsformen. Sie erhalten vom Schöpfergeist Licht und Kraft, entsprechend ihrem Bewusstseinsstand.

Der Bewusstseinsstand ist mit einer Schale zu vergleichen. Sie fasst nur entsprechend ihrer Größe. So empfängt auch jede einzelne Lebensform Licht und Kraft immer nur entsprechend ihrer geistigen Entwicklung, ihrer geistigen Größe.

Der geistige Leib der Kinder Gottes, also auch dein geistiger Leib, ist eine ausgereifte, d.h. vollentwickelte geistige Form. Jede ausgereifte Form – jedes Kind Gottes also – besitzt sämtliche kosmischen Kräfte. Diese unzähligen Bewusstseinsfelder oder Bewusstseinskräfte sind im Geistkind als Ganzes vereint. Das bedeutet: Das Kind Gottes, das vollkommene Wesen, ist das göttliche Gesetz.

Der geistige Körper, also auch dein geistiges Wesen, baute sich auf über die Mineralien, Pflanzen, Tiere und Naturwesen. Das geschah nicht auf der Materie, sondern in den Entwicklungsbereichen Gottes, also in den Himmeln.

Du hast sicher schon in der Offenbarung »Ich berate – nimmst Du an?« für Kinder von 6 bis 12 Jahren gelesen, dass ein ausgereiftes Naturwesen zur Kindschaft Gottes erhoben wird und dass das heranreifende Gotteskind die drei Kindschaftseigenschaften Geduld, Liebe und Barmherzigkeit, also Sanftmut, Liebe und Demut, allmählich voll entwickelt und dadurch die Vollreife erlangt, also zum Gesetz Gottes selbst wird.

Wenn also das Geistkind voll entwickelt ist, dann wird es von der gesamten Urenergie beatmet und durchdrungen. Alle fünf geistigen Atomarten sind voll entwickelt und voll in Aktion. Die geistigen Partikel atmen also den Odem Gottes.

Ist ein Geistwesen voll entwickelt, dann ist in ihm auch das Vater-Mutter-Prinzip ausgereift. Es ist die geistige Zeugungskraft, die aus den drei Kindschaftseigenschaften hervorgeht.

Auch in den vier Schöpfungskräften Ordnung, Wille, Weisheit und Ernst ist das Vater-Mutter-Prinzip enthalten, weil Geduld, Liebe und Barmherzigkeit als Pulsationskraft in jedem geistigen Atom enthalten ist. Jedoch erst, wenn das geistige Kind die Vollreife erlangt hat, also zum Gesetz Gottes geworden ist, sind diese drei Kräfte voll aktiv.

Wird in den himmlischen Welten ein ausgereiftes Naturwesen durch geistige Zeugung zur Kindschaft Gottes erhoben, dann werden die Vater-Mutter-Kräfte in ihm aktiviert und vervollkommnet. Das ausgereifte Geistwesen kann alle Kräfte der Unendlichkeit anwenden, daraus schöpfen und formen.

Die fünf geistigen Atomarten sind im ausgereiften Geistwesen voll aktiv und auf die Urkraft ausgerichtet. Daher strahlt das Geistwesen alle sieben Grundkräfte der Unendlichkeit aus und kann diese auch entsprechend einsetzen. Es schaut nicht nur die ewigen Gesetze und weiß nicht nur die Dinge und Geschehnisse in der Unendlichkeit – es kann diese auch nach dem ewigen Gesetz bewegen, weil es selbst zum Gesetz geworden ist.

Der Blick eines reinen Wesens ist nicht von sogenannten Seelenhüllen, also von Belastungen, getrübt. Es lebt im Absoluten und gibt aus dem Absoluten, dem ewigen Gesetz.

Wie ist es nun beim Menschen? Wenn der Mensch in seinen Vorexistenzen, das heißt in den früheren Einverleibungen der Seele, und in diesem Erdendasein gegen das göttliche Gesetz verstoßen und dies noch nicht bereinigt hat, dann haben sich die geistigen Atome der Seele von dem Gesetz Gottes, der Urkraft, abgewandt.

Erkenne: Jede Empfindung, jeder Gedanke, jedes Wort und jedes Handeln des Menschen, sowohl im Positiven, also Gesetzmäßigen, als auch im Negativen, im Ungesetzmäßigen, bewirkt eine Reaktion in der Seele.

So kannst du mit Recht sagen: Auf jede Aktion – sei sie positiv oder negativ – folgt die entsprechende Reaktion.

Wenn der Mensch nach dem göttlichen Gesetz lebt, dann sind die geistigen Atome seiner Seele auf die Urkraft ausgerichtet. Dann empfangen sowohl die Seele als auch der Körper des Menschen viel Lebensenergie. Dann schaut der Mensch die Dinge und Geschehnisse so, wie sie wirklich sind – nicht, wie sie sich in der materiellen Welt zeigen.

Er durchschaut auch seine Mitmenschen und weiß, was diese empfinden und denken. Er schaut also, wie der Mensch ist – nicht, wie er vorgibt zu sein. Er schaut die Natur und sich als ein Ganzes. Er schaut jede Lebensform als einen Teil in Gott und weiß, dass auch er in Gott lebt als ein Tropfen im Ozean Gott, der Einheit.

Sind hingegen sein Denken und Verhalten negativ, dann verstößt der Mensch gegen Gottes Gesetze. Er ist dann nicht mehr *für* seine Mitmenschen, sondern gegen alle, die ihm unangenehm sind und seinen Willen nicht erfüllen. Dadurch wertet er seine Nächsten ab; er richtet, urteilt und verurteilt sie – und lehnt sie somit ab.

Wer jedoch gegen seine Mitmenschen ist, wer sie ablehnt, der ist damit auch gegen Gott und versündigt sich. Dadurch wenden sich die geistigen Atome der Seele von der Urkraft, dem Licht und der Kraft Gottes, ab und wenden sich der Welt zu – die Seele und der Mensch werden ärmer an Licht und Kraft.

Jede Belastung, also jede Sünde, ist ein Verstoß gegen das ewige Gesetz. Das wirkt sich in den geistigen Atomen aus, die sich sodann allmählich von der Urkraft abwenden. Entsprechend verschatten – »ent-lichten« – sich die geistigen Partikel der Seele, weil sie die Ursachen aufnehmen, die der Mensch sät.

Eure Wissenschaft hat erkannt, dass alles Energie ist und dass keine Energie verlorengeht. Wenn der Mensch also empfindet, denkt, spricht und handelt, setzt er ebenfalls Energien frei.

Empfindet, denkt und spricht er selbstlos, begegnet er seinem Nächsten wohlwollend und friedvoll, so entwickelt er positive, gesetzmäßige Kräfte. Sie stärken seine Seele und seinen Leib: Seele und Mensch empfangen dann vermehrt Gottes Licht und Kraft, weil sich dabei die geistigen Atome der Urenergie zuwenden. Sein gesetzmäßiges Handeln wird vom ewigen Gesetz unterstützt, so dass dem lichten Menschen das gelingt, was er im Namen Gottes ausführt.

Du hast von den Lichtspektren aus Gottes Prismensonnen gehört. Diese reinen Urlichter sind die feinen Lebensenergien für Mineralien, Pflanzen, Tiere, Naturwesen, Geistwesen – und auch für den Menschen. Sie sind für ihn Licht, Kraft, Gesundheit und Hilfe in jeder Situation. Wenn der Mensch sich von diesen reinen und feinen Lichtspektren abwendet, belastet er sich; die weitere Folge ist schließlich, dass er leidet.

Mit seinem falschen Verhalten schafft der Mensch seine eigenen Energien, die entsprechende Farben haben. Alle Empfindungen, Gedanken, Worte und Handlungen haben ihre speziellen Farben.

Negative Empfindungen, Gedanken, Worte und Taten verdunkeln die Seelenpartikel; diese nehmen also die Farbe der Energien, die Schwingung, an, die der Mensch aussendet. Lichte, selbstlose Empfindungen, Gedanken, Worte und Taten des Menschen erhellen die Seelenpartikel. Die geistigen Atome wenden sich sodann immer mehr dem Urlicht, der Urzentralsonne, zu.

Beide, sowohl das Licht als auch der Schatten, wirken sich im Körper des Menschen aus. Die Gegensätzlichkeiten verschatten also nicht nur die Partikel der

Seele, sondern strahlen ihre Farbintensität auch durch den Körper. Was in den Seelenpartikeln aufgezeichnet ist, Licht oder Schatten, das strahlt wiederum durch den Menschen und umstrahlt ihn.

Was der Mensch also in die Seelenpartikel gesät hat, das strahlt aus; das ist dann das Lichtfeld der Seele, die Aura des Menschen. Sie ist eine sich ständig bewegende und pulsierende Energie, die verschiedene Farben ausstrahlt.

Das Gesetz Gottes besteht aus den sieben Grundkräften: Ordnung, Wille, Weisheit, Ernst, Geduld, Liebe und Barmherzigkeit. Da jede Kraft in der anderen enthalten ist, sind es sieben mal sieben energetische Kräfte, die das Gesetz Gottes bilden.

Hat der Mensch gegen dieses Gesetz Gottes verstoßen, dann wirkt sich dies in seiner Seele und auch in seinem Körper aus, denn jede Ursache strahlt aus. Dadurch bildet sich, wie du schon gelesen hast, das Lichtfeld der Seele, die Aura des Menschen.

Somit befindet sich jeder Mensch in *dem* Lichtfeld, das er sich selbst geschaffen hat und schafft: Er steht entweder im Lichte Gottes, wenn er seine Seele weitgehend rein hält oder reinigt, indem er gütig, liebe- und verständnisvoll ist, für alles Menschliche* um Vergebung bittet und vergibt. Oder seine Aura, das Lichtfeld seiner Seele, ist dunkel, von dunklem Rot bis zu dunklem Grün, dunklem Violett, von Grau bis hin zu Schwarz.

Es ist die Aufgabe der Seele, im menschlichen Körper rein zu werden, ihre Belastungen mit Christus, ihrem Erlöser, abzubauen und ein friedvolles Leben zu führen. Dann lösen sich die Seelenhüllen, die sich durch Verstöße gegen das göttliche Gesetz gebildet haben, auf, und Gottes Leben und Kraft strahlt wieder unmittelbar durch die Seele in und durch den Körper des Menschen. Dann ist der Mensch von innen heraus schön, auch wenn der irdische Leib welkt. Er ist göttlich eingestimmt, verfeinert. Seine Sprache ist Harmonie, und seine Gesten sind edel.

Wirken jedoch die Seelenhüllen auf den Körper des Menschen ein, dann zeigt sich auch der Mensch entsprechend: Er ist neidisch, gehässig, zänkisch, streitsüchtig. Er urteilt und verurteilt. Er richtet, ist unehrlich und auf sich selbst bezogen. Er erwartet ständig etwas von seinem Nächsten, ist jedoch selbst ungern bereit, sich selbstlos einzubringen.

Die Seelenhüllen wirken auf alle fünf Sinne: Der Mensch sieht und hört nur das, was in seinen Seelenhüllen ist, was er durch seine Seelenhüllen zu sehen und zu hören vermag; er riecht und schmeckt nur, was in seinen Seelenhüllen ist und was er durch seine Seelenhüllen zu riechen und zu schmecken vermag; er tastet nur, was seine Seelenhüllen ihm vorgeben.

Die Menschen werden also von ihren eigenen Denkmustern, Wünschen und Leidenschaften gesteuert. Der Mensch sieht, hört, riecht, schmeckt und betastet nur das, was in ihm selbst liegt, was in ihm aktiv ist und vorgeht. Wie du also denkst, wie du dich verhältst, das bist du selbst:

Wie reagierst du, wenn du Unangenehmes siehst?

Wie reagierst du, wenn du Unangenehmes hörst?

Wie reagierst du, wenn du Unangenehmes riechst und schmeckst?

Wie reagierst du, wenn du etwas betastest, das dir unangenehm ist?

Ich wiederhole: Was du also daraufhin denkst und wie du dich daraufhin verhältst, das bist du selbst!

Erkenne: Selbstlose, positive Gedanken und Verhaltensweisen kommen aus den tiefen, lichten Bereichen deiner Seele. Negative Regungen und Gedanken und die sich daraus ergebenden Körperbewegungen kommen aus der belasteten Seele, aus den verschatteten Seelenpartikeln.

Die mittelbare und die unmittelbare Führung Gottes auf den verschiedenen Bewusstseinsstufen – Mittelbare Führung über Geschehnisse, Menschen, Schicksalsschläge und die Tagesenergie

Gott ist Geist und wohnt tief in deiner Seele. Der Geist Gottes ist der unbelastbare Teil deiner Seele. Wir nennen Ihn auch den *Wesenskern* der Seele.

Gott kann nur jenen Menschen unmittelbar führen, der sich Ihm auch rechtzeitig zuwendet. Was heißt, sich Gott zuzuwenden?

Wenn du merkst, dass du dich zu erregen beginnst, dass Wut hochsteigt, dass du poltern, schimpfen, streiten und gar um dich schlagen möchtest, dann wende dich noch rechtzeitig Gott zu: Sprich zu Ihm! Sage Ihm, dass du in dir einen Ärger aufkommen spürst oder sage Ihm auch, dass du dich vor Wut kaum beherrschen kannst.

Sprich zu Ihm – und dann stelle dir vor, dass aus dir heraus Wärme und Liebe strahlen. Lasse diese Strahlen auch in dir wirken. Denke: »Gott umfängt mich. Gott bereinigt, worüber ich mich erregen wollte.«

Lasse diese wärmenden Strahlen weiter in dir wirken. Stelle dir die Sonne vor. Du liegst in der Sonne. Die Sonne wärmt dich. Ihr Glanz beruhigt dich. Sie leuchtet das Dunkle aus, und alles ist hell. Du bist still und ruhig. Das Licht bringt alles an den Tag.

Vertraue darauf, dass Gott alles an den Tag bringen wird, und gehe mit Gott an deine Aufgabe, die dir der Tag stellt. Dann kannst du auch deinem Nächsten vergeben und für deine unschönen Gedanken um Vergebung bitten.

Was aus der Tiefe der Seele, aus dem unbelastbaren Wesenskern, aus Gott, strahlt, das ist die unmittelbare Kraft: Gott. Aus ihr kommt die *unmittelbare Führung* durch Gott.

Bitte Gott immer wieder um Seine unmittelbare Führung. Dann wirst du auch rechtzeitig gemahnt werden, wenn Ärger, Wut, Aggressionen, Neid, Angst, Streit, Eifersucht oder anderes Negative emporsteigt. Gott ruft dich rechtzeitig nach innen, um dir zu helfen und dich immer besser, also unmittelbarer, führen zu können. Dann reinigst du viel rascher deine Seele, und Gott strahlt immer stärker durch die größer werdenden reinen Bereiche deiner Seele.

Es gibt auch die *mittelbare Führung* Gottes. Sie ist die Führung über das Gesetz von Saat und Ernte. Dieses lautet: Was der Mensch sät, das wird er ernten – wenn er nicht rechtzeitig bereinigt, was er verursacht hat. Was der Mensch an Negativem gesät hat und was davon aktiv ist, das wirkt auf seinen Körper ein.

Mittelbare Führung heißt: Gott strahlt in deine Seele. Doch Er kann dich nicht unmittelbar anstrahlen, sondern Er strahlt deine Belastungen, deine Ursachen, an, entweder damit du sie bereinigst – oder damit sie durch Schicksalsschläge und Krankheit bereinigt werden können, so dass dich Gott dann wieder unmittelbar anzustrahlen vermag.

Du hast erfahren, dass du die Wirkungen deiner Ursachen nicht als Krankheiten oder Schicksalsschläge erdulden musst, wenn du rechtzeitig auf dein Gewissen hörst. Es ermahnt dich und gibt dir Hinweise, *bevor* Erregungen, Ärger, Wut, Hass, Neid und dergleichen hochsteigen, wenn du Gott in dir aufsuchst und zu Ihm sprichst, wenn du Ihn dir als die Sonne der Liebe und Wärme vorstellst, die dich wärmt und alles von dir nimmt, was dunkel ist.

Wenn Gott dich unmittelbar führen kann, dann strahlt Er durch die vier schon weitgehend gereinigten, nun feinen und lichten Seelenhüllen oder dann durch die drei feinen Erinnerungshüllen – falls du die ersten vier Seelenhüllen schon abgelegt hast und im Lichte der Erfüllung stehst.

Die drei feinen Erinnerungshüllen sind die Vorbereitungskräfte für das absolute Leben in Gott. Diese Lichthüllen haben die Schwingung der drei Vorbereitungsebenen, der drei Lichtebenen vor dem Himmelstor. Wie ich dir schon offenbarte, lernst du dort das Absolute Gesetz anzuwenden, bis du wieder absolut bist. Das ist dir schon als Mensch möglich, wenn du dich rechtzeitig Gott zuwendest und dich von seiner Liebe- und Wärmestrahlung einhüllen, durchdringen und führen lässt. Wenn du dich Gott immer und immer wieder anvertraust und Ihm in jeder Situation dein Vertrauen schenkst, dann strahlt Er über die drei feinen Lichtebenen in deine Gedankenwelt und bereitet dich mehr und mehr für das absolute Leben in Ihm vor.

Die Seelenhüllen sind gewissermaßen die Sprossen auf der Leiter zum göttlichen Leben. Diese Sprossen werden auch Bewusstseinsstufen genannt. Wenn du die ersten vier Bewusstseinsstufen auf der Leiter zum ewigen Leben hinter dir hast, wenn sich also die vier dunklen Seelenhüllen gereinigt oder gar aufgelöst haben, weil in ihnen keine Schatten mehr liegen – da du dein Leben, das heißt dein Denken, Sprechen und Handeln, auf Gott ausgerichtet hast –, dann erlangst du immer mehr die unmittelbare Führung durch Gott. Du lebst dann in der feinen Strahlung der Geduld, Liebe und Barmherzigkeit, in den Vorbereitungskräften vor dem Himmelstor, vor dem ewigen Sein, und stehst dann in Gottes unmittelbarer Führung.

Diese drei feinen Seelenhüllen bergen alles das als *Erinnerung*, was du in den vier Reinigungsebenen an Entsprechungen abgebaut hast. Wenn du in der feinen Strahlung der drei Seelenhüllen Geduld, Liebe und Barmherzigkeit lebst, also in den Vorbereitungskräften für das reine Leben in Gott, dann hast du keine Entsprechungen mehr. Das Sündhafte ist überwunden. Jedoch *wie* du es überwunden hast, bleibt noch als Erinnerung in diesen drei feinen Hüllen.

Wenn nun eines deiner Geschwister Hilfe braucht oder einen guten Rat, um sein Leben positiver zu gestalten – und du hast Gleiches oder Ähnliches schon überwunden –, dann werden die entsprechenden Erinnerungen in den drei feinen Hüllen deiner Seele aktiv; sie kommen ins Schwingen und schwingen in deine Gedanken ein. Du weißt plötzlich, wie du deinem Nächsten selbstlos helfen kannst oder was du ihm sagen sollst, damit er durch den guten, selbstlosen Rat wieder auf seine richtige Lebensbahn findet. Du erinnerst dich, wie du deine Entsprechungen, die Belastungen deiner Seele, angepackt hast, wie oft du deinem Ich unterlegen warst und wie groß oder klein der Kampf war, bis du davon frei geworden bist. So kannst du nun mit den Erinnerungen – mit dem, was du einst verursacht und schon überwunden hast – Gott und deinem Nächsten fortan selbstlos dienen. Wer sich durch die Kraft des Christus besiegt hat, wer also in dieser feinen Erinnerungsstrahlung lebt und daher aus dem göttlichen Gesetz empfängt und gibt, der ist zum wahren Gefäß der Liebe Gottes geworden und ist selbstlos.

Wisse, liebes Geschwister: Die Erinnerungen an Überwundenes müssen bleiben. Mit ihrer Hilfe kannst du nicht nur deine Mitmenschen verstehen, die noch in gleicher oder ähnlicher Situation sind, wie du einst warst – du kannst ihnen auch selbstlos dienen und helfen.

Gott, unser himmlischer Vater, und dein Schutzgeist können auch dich selbst über deine Erinnerungen sehr schnell ermahnen, nicht noch einmal Gleiches oder Ähnliches zu tun, wie du es einst verursacht hast. In deinem Inneren erwacht plötzlich der Gedanke: »Halt, nicht so! Falle nicht wieder zurück in das, was du schon abgelegt hast. Es ist nur noch als Erinnerung in dir!«

Wisse, Gott, unser himmlischer Vater in Christus, deinem Erlöser, ist bestrebt, über deine Erinnerungen anderen Menschenkindern beizustehen. Er kann Menschen, die mit Sorgen, Problemen, Nöten und Krankheiten beladen sind, zu dir führen, oder Er führt dich zu ihnen, wenn du Gleiches oder Ähnliches bereits überwunden hast. Dann kannst du aus der eigenen Erfahrung sprechen und helfen.

Ich wiederhole: Gott regt also in dir Erinnerungen an, die in einer der drei Vorbereitungshüllen liegen. Du erinnerst dich dann, wie du das Problem oder die Krankheit überwunden und gemeistert hast. Und du spürst, wie du deinem Nächsten helfen kannst oder was du ihm sagen musst, damit er aus seiner Situation herausfindet, in der er augenblicklich steht; denn du erinnerst dich, dass einst auch du in einer gleichen oder ähnlichen Situation gestanden hast – und wie du diese gemeistert hast. Plötzlich findest du die rechten Worte, oder du weißt, welche Hilfe du deinem Nächsten nach dem Gesetz des Lebens geben darfst. Du weißt also in der Situation das rechte Wort und in der Ausweglosigkeit einen gangbaren Weg.

Erkenne: Das war dann die Hilfe von Gott durch dich für deinen Nächsten. Das ist doch wunderbar, so unmittelbar von Gott geführt zu werden! Voraussetzung ist jedoch, dass du eine gleiche oder ähnliche Situation mit Gottes Hilfe oder der Hilfe eines geistigen Menschen, durch den Gott wirkt, schon selbst durchlebt und gemeistert hast.

Je mehr Menschliches du überwunden hast durch die Hilfe des Herrn, um so reicher bist du an geistigen Erfahrungen. Wenn es heißt, Gott habe in dieser Welt keine anderen Hände als die deinen, so soll damit ausgedrückt werden: Wenn du weitgehend rein bist, kann Gott durch dich wirken.

Die Erinnerungen in deinen feinen Seelenhüllen, in dieser feinen, lichten, gesetzmäßigen Strahlung, sind also Transformatoren der göttlichen Kraft. Über das von dir Überwundene, das in dir noch als Erinnerung ist, wirkt Gott in dieser Welt, um Seinen Menschenkindern beizustehen und ihnen zu helfen. Für dich ist das die unmittelbare Führung, und für deinen Nächsten, den Gott durch dich anspricht und dem Er durch dich Hilfe zuteil werden lässt, ist das die mittelbare Führung.

Wie geschieht das? Hat ein Mensch Schwierigkeiten und ist in Not, du jedoch hast Ähnliches schon überwunden, dann führt dir Gott diesen Menschen zu — oder Er bewirkt, dass du zu ihm gehst, wenn es für den Betreffenden gut ist. Seine Schwierigkeiten gehen als Schwingungen von ihm aus und treffen auf deine

Erinnerungen. Deine Erinnerungen schwingen in dein Oberbewusstsein und werden in deinen Gedanken lebendig. Diese teilen dir mit, wie du deinem Nächsten helfen kannst – oder was du sagen sollst, damit er aus seiner augenblicklichen Situation herausfindet.

Das Erinnerungsfeld in deiner Seele begann also stärker zu schwingen. Die geistigen Atome deiner Seele, die auf die Urkraft, auf den göttlichen Wesenskern, ausgerichtet sind, ziehen sodann aus dem ewigen, allumfassenden Gesetz die gesetzmäßige Antwort für den betreffenden Menschen an. Oder das ewige Gesetz, Gott, zeigt dir ein inneres Bild, wie du helfen kannst oder was der Betreffende tun müsste, damit ihm Hilfe zuteil wird. Das ist die Hilfe von Gott durch dich – und für dich die unmittelbare Führung.

In eine weitgehend rein gewordene Seele strömt viel Gottesenergie. Infolge des vermehrten Einströmens göttlicher Kraft schaut der göttliche, durchstrahlte Mensch seinen Nächsten, wie er ist – nicht, wie er sich gibt. Er empfindet, was sein Nächster nicht ausspricht, und erkennt, was er eventuell mit seinen Worten verschleiern möchte.

Wenn deine Seele weitgehend licht ist, dann schaust du auch in die Gesten und die Mimik deines Nächsten und liest aus seinem Gesichtsausdruck, seiner Körperform, seiner Körperhaltung und auch aus seiner Kleidung, wer er ist. Dein Nächster braucht nicht zu sprechen – du schaust ihn.

Geistige Menschen, welche die vier Reinigungsebenen weitgehend überwunden haben und in der feinen Strahlung leben, kennen die Körpersprache ihrer Mitmenschen. Dem Reinen bleibt nichts verborgen. Er ist in Gott – und Gott wirkt durch ihn und offenbart ihm alle Dinge. Menschen, die sich nur noch in dieser feinen Strahlung, also im Gesetz der Liebe, befinden, das heißt, sich in reinen Empfindungen, Gedanken, Worten und Handlungen bewegen, sind selbst göttliches Bewusstsein geworden.

Der Mensch, der in der feinen Strahlung des Göttlichen lebt, muss nicht mehr erhorchen, was Gott ihm zuspricht. Er ist weitgehend göttlich geworden. Und wer weitgehend göttlich geworden ist, muss nicht mehr fragen: Er weiß. Er muss nicht mehr sehen: Er schaut. Er muss nicht mehr horchen: Er hört. Erkenne die feinen Nuancen vom Menschlichen zum Göttlichen!

Gelangen Seele und Mensch allmählich in die feine Strahlung, in die drei feinen Seelenhüllen, dann spricht Gott zum Menschen immer deutlicher. Was Gott Seinem Kind sagt, ist jedoch nicht für Zweite oder Dritte bestimmt, sondern allein für das Kind selbst!

Wenn der Mensch noch das Wort erhorchen muss, das Gott ihm zuspricht, dann ist die Seele noch nicht eins mit Gott. Sie ist jedoch auf dem Weg, hin zur klaren göttlichen Quelle und zum Ursprung der Quelle. Gott spricht also zum Menschen durch seine noch verschatteten Seelenhüllen, um ihm zu sagen, was er an sich selbst verwirklichen soll. Die Belastungen der Seele dürfen dann jedoch nicht mehr schwerwiegend sein; sonst wären die Nebel um das Licht Gottes zu dicht. Denn jede Belastung ist ein Schatten vor dem Lichte Gottes. Sind die Schatten, die vor dem Lichte liegen, noch sehr dicht, dann kann der Mensch nur bedingt Gottes Wort als Licht und Kraft empfangen. Er hört und vernimmt dann nur seine *eigenen* Geräusche, sein menschliches Ich, und vermischt sie mit den feinen Impulsen Gottes. Will er für sich etwas erhorchen und auch das Erhorchte seinem Nächsten mitteilen, dann vermischt er die feinen, mittelbaren Impulse mit den Geräuschen seines menschlichen Ichs.

Das Erhorchen Gottes ist die *mittelbare* Führung, bei der die Impulse durch die noch verschatteten Seelenhüllen kommen. Sie ist *nur dann* möglich, wenn der Mensch sich tagtäglich bemüht, das an sich selbst Erkannte, das, was es für ihn noch zu bereinigen gilt, zu *beheben*: entweder durch die Übergabe an Christus oder durch Wiedergutmachung mit der Kraft Christi und durch Vergebung und Bitte um Vergebung. [*]

---

[*] Das Erhorchen von Gottes Wort ist nur in Seinem Willen, wenn der Gott zustrebende Mensch auf der dritten Stufe, der Stufe der Weisheit, steht, also Ordnung und Wille weitestgehend verwirklicht hat und somit selbstlos für Christus und mit Christus tätig ist; das heißt, er erfüllt auch das Gesetz »Bete und arbeite«. Die tagtägliche Verwirklichung des Erkannten ist entscheidend! Nur dann ist das Hineinhören zum Inneren Helfer und Ratgeber im Gesetz Gottes.

Die *unmittelbare* Führung beginnt, wenn deine Seele in der feinen Strahlung lebt, in den drei Vorbereitungsebenen zu den Himmeln, die auch Kindschaftsebenen genannt werden: Geduld, Liebe und Barmherzigkeit.

Wer dagegen noch fest im Gesetz von Saat und Ernte verwurzelt ist, das in den vier Reinigungsebenen gilt, der trägt noch viele Entsprechungen in sich, also verschieden schwere Belastungen. Einen solchen Menschen kann Gott nur über seine Belastungen führen, über das Gesetz von Saat und Ernte. Das heißt, er muss das Erkannte bereinigen und ablegen und nicht mehr tun. Auch das kannst du – wie schon gesagt – mittelbare Führung nennen.

Gott, das ewige Licht, spricht aus unzähligen Mündern zu den Menschen. Über die Tagesenergie spricht Gott dir das zu, was du heute bereinigen sollst. Gott spricht zur belasteten Seele und zum Menschen auch durch die Tagesereignisse. Gott lässt an jedem Tag für den Menschen *das* Quantum an Selbsterkenntnis zu, das dieser bewältigen kann. Gott spricht zur Seele und zum Menschen durch Begebenheiten und z.B. auch durch Menschen, die noch im Gesetz von Saat und Ernte stehen. Er lässt uns in ihren Worten und an unseren eigenen Aussagen uns selbst erkennen.

Das alles ist noch *mittelbare* Führung Gottes: Über Geschehnisse, Dinge, Menschen, über Schicksalsschläge und Krankheiten spricht Gott die Seele und den Menschen mittelbar an.

Alles, was dir widerfährt an Problemen, Nöten, Sorgen, Krankheiten und Schicksalsschlägen, kommt *nicht* von Gott. Du hast es *selbst* verursacht; es ist dein Fehlverhalten gegenüber Gott, dem Gesetz der Liebe und des Lebens.

Gott, unser himmlischer Vater, und auch dein Schutzgeist ermahnen alle Menschen rechtzeitig – so auch dich –, bevor eine Krankheit ausbricht oder ein Schicksalsschlag auf sie zukommt. Bevor also die Wirkung auf eine vom Menschen gesetzte Ursache ausbricht, regen der Geist Gottes und der Schutzgeist seine Gedanken und Sinne an. Wenn der Mensch nicht auf die Stimme seines Gewissens hört, auch nicht auf die Mahner von außen, wenn er weiter sündigt in Empfindungen, Gedanken, Worten und Handlungen, dann werden seine selbstgeschaffenen Ursachen ausfließen – der Mensch muss sie als Wirkungen tragen.

Doch auch in den Wirkungen sprechen Gott und der Schutzgeist zum Menschen, also in das Gewissen ein, wie z.B.: »Denke um, vergib, und bitte um Vergebung. Dann wandeln sich in deiner Seele die Schatten um, die in deinem Körper wirken, und die geistigen Atome richten sich auf die Urkraft aus, so dass deine Seele und dein Leib Mein helfendes und heilendes Licht empfangen können.«

Du erkennst: Gott wirkt! Auch dein Schutzgeist ist dir sehr nahe und spricht in dein Gewissen ein. Auch er ist ein Mahner, der von außen einiges zulässt, damit du in deinem Inneren erwachst.

Liebe Geschwister, nichts könnte ohne die positive Kraft bestehen, auch nicht das Negative. So ist in allem Negativen auch das Positive. Das heißt: In allen Niederlagen, in Krankheit und in Not ist auch die positive Kraft, Gott.

Wenn wir sie ansprechen, sowohl in Krankheit als auch in Not und Schicksalsschlägen, indem wir nicht klagen, sondern auf Gott bauen und innig zu Gott beten, dann wird im Negativen – in Krankheit, in Not, im Schicksal – die positive Kraft aktiv und wandelt das Negative, also Krankheit, Not und Schicksal, in Positives um, in Gesundheit, Glück, Freude und Gemeinsamkeit. Die positive Kraft in allem stärkt, hilft und heilt.

Das setzt jedoch voraus, dass du dich in allen menschlichen Situationen Gott zuwendest, indem du deine Fehler bereust, indem du vergibst, um Vergebung bittest und dich bemühst, die erkannten Fehler nicht mehr zu tun. Dadurch wendest du dich Gott, unserem Vater, zu.

Wenn du dich also Gott hingibst, in vollem Vertrauen und Glauben an Ihn – durch Wiedergutmachung, durch Vergebung und Bitte um Vergebung –, dann wenden sich die geistigen Atome in den Partikeln deiner Seele der Urkraft, dem unbelastbaren Wesenskern, zu. Über diesen strömt dir sodann vermehrt Lebens- und Lichtkraft zu, und du empfängst von Gott viel Licht, Hilfe und Heilung – wenn es zum Wohle deiner Seele ist. »Wenn es zum Wohle deiner Seele ist«, bedeutet: Gott kennt dich und weiß, ob du deine Worte an Ihn auch hältst. Nach deinem zukünftigen Verhalten wird Gott dir das schenken, was für dein weiteres irdisches Leben gut ist.

Bleibst du in Gottes Liebe und begehst du die alten Fehler nicht mehr, so kannst du sicher sein: Worum du Gott gebeten hast, das ist in deiner Seele schon erfüllt. Deine Bitten sind also schon erhört. Gott ist schon aktiv in deiner Seele, löst die Schatten und strahlt dir vermehrt Licht zu; vorausgesetzt, wie schon dargelegt, dass du dein Versprechen hältst: dich fortan zu bemühen, die erkannten Fehler – das, was wider Gott ist – nicht mehr zu tun. Allein schon die Bemühungen werden von Gott, unserem himmlischen Vater, belohnt. Das ist Seine Gnade für Sein Kind.

Du erkennst nun, was mittelbare und unmittelbare Führung ist.

Der Tag, dein Freund: die Tagesenergie – Die Seele geht nachts auf Reisen – Vergeudete Tage – Der Tagesbeginn – Das Tagebuch – Horchen und Hören, Sehen und Schauen

Der Weg zu Gott kann mit einer Leiter verglichen werden. Vielleicht hast du schon von der Jakobsleiter gehört, die mit vielen Sprossen bis in den Himmel hineinragt. Wie kannst du dich prüfen, auf welcher Sprosse oder geistigen Stufe du stehst?

Nimm jeden Tag als deinen guten Freund an! Wisse: Das Licht des Tages ist Energie. Jede Frequenz der Tagesenergie hat ihre Farbschwingung und ihren Ton.

Der Tag bringt unzählige Frequenzen, also Farbschwingungen und Töne, mit sich. Hast du in deiner Seele einige oder mehrere gleiche oder ähnliche Frequenzen, also Farbschwingungen und Töne, die aus deinem Inneren strahlen, dann beginnen die Kräfte zu fließen. Wir nennen das Fließen der Kräfte *Kommunikation*.

Wenn eine Kommunikation entsteht, schwingen die Frequenzen in dein Oberbewusstsein, also in deine Gehirnzellen. Dort kommen sie als Empfindungen und Gedanken an. Es ist dein guter Freund, der Tag, der dabei zu dir spricht. Er sagt dir, was du heute noch an Menschlichem bereinigen sollst. Er sagt dir auch, wie du eine Situation meistern kannst. Er zeigt dir z.B. die

Schönheiten des Tages, damit du dich daran erfreuen kannst. Oder er ermahnt dich, zu deinen Eltern und zu allen Menschen gut zu sein. Er lässt dich auch mal stolpern oder gar hinfallen, damit dein Gedankenkarussell unterbrochen wird und du nachdenkst, welche Gedanken du hattest und ob sie Gott, unserem himmlischen Vater, gefallen würden.

Dein guter Freund, der Tag, zeigt dir unendlich vieles. Und aus allem kannst du lernen und an allem dich selbst erkennen. Über die Tagesenergie zeigt dir Gott einen Teil deiner lichten Seiten. Darüber freust du dich gewiss. Jedoch Er zeigt dir ebenso einen Teil deiner Schattenseiten, die du heute überwinden sollst.

Der Tag, dein guter Freund, bringt dir die Kraft, das Menschliche zu überwinden, es Christus zu übergeben, deinen Nächsten um Vergebung zu bitten und ihm zu vergeben.

Vieles, was du verursacht hast, liegt unter Umständen Jahre zurück und ist noch nicht bereinigt. Wenn also noch etwas ansteht – damit du dich darin erkennst und es dann nicht mehr tust –, dann führt es dir dein guter Freund, der Tag, zu, und du darfst dies noch heute bereinigen.

Hast du deine Vergangenheit weitgehend bereinigt, so bleiben solche früheren Vorfälle nur noch als Erinnerungen in dir. Du denkst z.B. an Menschen, die dir vor Jahren unrecht getan haben. Wenn du nun Empfindungen des Friedens, des Einklangs und der Liebe ihnen gegenüber hast, wenn du ohne inneren Vorbehalt auf sie zugehen kannst, dann ist das, was war, vergeben. Das Negative ist in positive Kraft umgewandelt. Du erkennst dies an deinen Empfindungen des Friedens, also an Reaktionen wie Wohlwollen und Liebe. Die ehemaligen Entsprechungen sind zu Erinnerungen geworden.

An den vielen Begebenheiten, die der Tag dir bringt, erkennst du, auf welcher Sprosse der Jakobsleiter, also auf welcher geistigen Stufe, du stehst.

Auf dem Weg zur Schule oder an deinem Arbeitsplatz siehst und hörst du mancherlei. Dann überprüfe deine Empfindungen und deine Körperreaktionen! Was zeigt sich in und an dir? Ist es Gelassenheit oder Unmut? Du erkennst daraus, wo du in deiner geistigen Entwicklung stehst, und du erkennst, wofür du Gott um Hilfe und Beistand für deinen Nächsten bitten sollst. Bete für deinen Nächsten in jeder Situation! Ob du Gleiches oder Ähnliches schon gemeistert hast oder ob in dir noch Entsprechungen aufflammen und du dich über deinen Nächsten erregst: bete!

Wenn dich immer wieder Wünsche bedrängen, dann ist etwas noch nicht überwunden; klingen die Wünsche nur noch an – und du sagst dir: »Eines Tages werden sie erfüllt werden, wenn es Gott will« –, dann drängen sie nicht mehr, da du geistig gereift bist.

All dies hat dir etwas zu sagen. Der Tag führt es dir zu, damit du erkennst, was noch zu bereinigen ist oder was du schon bereinigt hast – und damit du daran siehst, auf welcher Sprosse zum göttlichen Bewusstsein du stehst. Gott sagt dir also über die Tagesenergie, über deinen guten Freund, den Tag, was du heute überwinden sollst und was du schon überwunden hast.

Liebe Schwester, lieber Bruder, erkenne: Das Leben im Erdenkleid ist jeden Tag neu. Denn an jedem Morgen, kurz bevor du erwachst, kommt deine Seele von einer Reise in ihr Erdenkleid zurück.

Wenn du während der Nacht erwachst, dann glaubst du, deine Seele sei bei deinem Körper gewesen, während du geschlafen hast. Oder am Morgen, wenn du erwachst, glaubst du, die Seele sei immer bei deinem Körper und in ihm, weil du deine Augen aufschlägst und wieder die gleiche Umgebung wahrnimmst wie am Tag zuvor. Und doch ist es anders.

Obwohl dein guter Freund am neuen Tag der Gleiche geblieben ist, bringt er für dich wieder ganz andere Ereignisse und Eindrücke mit als am vorangegangenen Tag. Denn du empfindest und denkst heute nicht Gleiches wie am Tag zuvor.

Das Heute also, der neue Tag, hält wieder andere Frequenzen und Töne für dich bereit. Gleiches oder ähnlich Schwingendes liegt in dir. Wieder regt der Tag diese Seelenschwingungen an – und schon beginnt für dich das neue Tagesprogramm: Die für dich gedachten Tagesfrequenzen regen dein Seelenprogramm, also verschiedene Seelenschwingungen, in dir an, wodurch eine Kommunikation entsteht. Diese schwingt wieder in deine Gehirnzellen, in deine Gedankenwelt, ein, und du vermagst dann wahrzunehmen, was Gott und dein Schutzgeist dir über deinen guten Freund, den Tag, sagen möchten.

So können sie dir sagen, es wäre gut, dieses und jenes zu bereinigen. Du spürst es in deinem Gewissen und vernimmst es in deinen Gedanken. Du tust es und empfindest: »Das hast du gut gemacht; das war selbstlos. Freue dich darüber!«

Der gute Freund hilft dir auch bei den Schularbeiten. Bist du klar und hast du keine wirren, das heißt unwesentlichen, Gedanken, dann kannst du die unzähligen Hilfen wahrnehmen, die der Tag dir bringt. Es ist Gott, dein himmlischer Vater, und dein Schutzgeist, die über deinen guten Freund, den Tag, wirken.

Für die Tagesenergie, für den Verlauf jedes Tages, ist es wesentlich, in welchen jenseitigen Bereichen sich deine Seele aufhielt, während dein Körper im Tiefschlaf lag.

In der Nacht, wenn dein Körper tief schläft, geht deine Seele auf Reisen. Wohl ist sie mit deinem Körper verbunden durch das sogenannte Silber- oder Informationsband. Dieses hält die Verbindung des Seelenleibes zu deinem schlafenden Körper aufrecht, während deine Seele nicht in deinem Körper ist.

Merke dir: Dein menschlicher Körper kann nur dann einschlafen, wenn sich die energiereiche Seele, die deinen Körper mit Energie versorgt, langsam aus dem Körper herauszieht. Entsprechend ihrem allmählichen Heraustreten schläfst du dann ein. Die Energien gehen zurück, und deshalb schläft der Körper. Wenn du tief schläfst, dann kann deine Seele ganz aus deinem Körper treten. Doch sie bleibt mit ihm verbunden. Wenn du jedoch nur einen seichten Schlaf hast, ist es ihr nicht möglich, ganz aus dem Körper herauszutreten.

Es kommt darauf an, wie du dich am Tag verhalten hast. Warst du tagsüber sehr nervös und du kommst darum nicht in den Tiefschlaf, dann kann die Seele nicht ganz aus deinem Körper heraustreten. Hast du jedoch deinen Tag harmonisch und bewusst gelebt, ist dir die Tagesarbeit gelungen, weil dein guter Freund, der Tag, dir helfen konnte, dann gehst du auch ruhig schlafen, und die Seele kann sich ganz aus deinem Körper herausziehen, während dieser in einem tiefen Schlaf liegt. Je tiefer du also schläfst, um so weiter kann sich die Seele von ihrem Körper entfernen.

Ich wiederhole: Hast du dich am Tag körperlich überanstrengt oder dich mit vielen unwesentlichen Dingen und Gedanken beschäftigt, dann bist du nervös und hast einen seichten Schlaf, weil nicht nur dein Oberbewusstsein, sondern auch dein Unterbewusstsein mit Ereignissen und unbewältigten Dingen belastet ist. Das bedeutet: Deine Seele tritt nur teilweise aus deinem Körper heraus, gelangt also nicht in andere Welten – weil du nicht tief genug geschlafen hast.

Sicher hast du schon erlebt, dass du dich beim Einschlafen plötzlich ruckartig bewegst. Es ist ein heftiges Zucken deines Körpers, und plötzlich bist du wieder hellwach. Das ist der Moment, in welchem deine Seele wieder rasch in deinen Körper eintritt. Diese ruckartigen Bewegungen zeigen dir, dass deine Seele sich wohl teilweise außerhalb deines Körpers befunden hat, sich jedoch noch nicht von dir entfernt hatte. Kurz bevor du wieder ganz wach geworden bist, ist sie sodann rasch zurück in deinen Körper geschlüpft. Dieses Zucken deines Leibes tritt nur dann auf, wenn du nicht tief schläfst – beim Einschlafen z.B. oder bei einem sehr seichten Schlaf.

Es kann jedoch auch der Fall sein: Wenn keine weiteren Störungen mehr auftreten, so kannst du beim Einschlafen ebenfalls das Zucken bemerken – doch du schläfst ruhig weiter. Dann hast du bemerkt, dass deine Seele ausgetreten ist. Deine Seele spürte, dass du weiterschläfst und sie daher auf Reisen gehen kann.

Störungen können nicht nur von außen kommen, sondern auch über dein Unterbewusstsein. Wenn sich die Seele vom Körper zu lösen beginnt – nämlich dann, wenn du einschläfst –, kann sich kurzzeitig in deinem Unterbewusstsein etwas bewegen. Werden dabei Ereignisse angesprochen, die in deinem Oberbewusstsein ankommen, so wirst du dadurch vom Einschlafen zurückgeholt. Dann schlüpft die Seele rasch wieder in ihren Körper. Immer bleibt jedoch deine Seele mit deinem Körper durch das Informationsband verbunden – einerlei, wo sie sich befindet.

Wenn du nach einem längeren tiefen Schlaf erwachst, dann spürst du sehr selten diese ruckartigen Bewegungen, weil der Körper das allmähliche Erwachen rechtzeitig der wandernden Seele über das Silberband mitgeteilt hat und die Seele bereits im Körper ist, wenn du die Augen öffnest. Du erwachst dann ruhig, ohne zu wissen, wo deine Seele sich aufgehalten hat.

Du magst sagen: »Es wäre doch interessant, mitzuerleben, wo sich die Seele nachts befindet, was sie tut, welche Eindrücke sie mitbringt.« Nun, diese Vorgänge müssen dir nicht verborgen bleiben – wenn du deine Seele von den Schatten deines Fehlverhaltens reinigst und du auch dein Ober- und dein Unterbewusstsein von größeren Belastungen, von menschlichen Gedanken und körperlichen Erregungen, weitgehend freihältst. Wenn du also gelöst und weitgehend frei bist von drängenden Wünschen, von Sorgen und Problemen und von menschlichen Gedanken, die du dir über deine Nächsten machst, dann kann deine Seele ihre Eindrücke in deinen Menschen spiegeln: Dein freies Ober- und Unterbewusstsein nimmt sodann die Eindrücke der Seele, die sie aus anderen Welten mitgebracht hat, in der bildhaften Sprache der Seele auf. Du erlebst dann die Einspiegelungen als Wahrtraum oder auch im Wachzustand kurz nach dem Erwachen. Du weißt dann, dass es so ist. Denn oftmals ist beim Wahrtraum zugleich die Erkenntnis für dich dabei.

Wahrträume nennen wir auch Wach- oder Klarträume. Sie zeigen dir u.a. auch, auf welcher Sprosse der Leiter zum Bewusstsein Gottes die Seele steht oder woran die Seele an sich selbst arbeitet, was dem Menschen noch verborgen ist.

Die Einspiegelungen der Seele sind Symbole, also Bilder, denn die Sprache der Seele ist eine bildhafte Sprache – es ist die Bewusstseinssprache. Deshalb kannst du in der Symbolik eines Wahrtraumes erkennen, auf welchem Bewusstseinsstand du stehst. Die Seele spiegelt auch ihre innere Befreiung oder ihre noch bestehenden Bindungen an äußere Dinge und Menschen in dich ein.

Es lohnt sich, die Gesetze Gottes zu beachten und zu erfüllen und den Tag dankbar anzunehmen. Seine Energie ist der Inspirator, der dich erkennen lässt, was du in deinem irdischen Leben heute zu bereinigen hast. Die Tagesenergie ist auch der Transformator für die Mahnungen des Göttlichen und des Schutzgeistes.

Der Tag ist also dein guter Freund. Einerlei, was er dir bringt – ob es deine Erinnerungen sind, damit du deinem Nächsten gesetzmäßig beistehen kannst, oder deine Entsprechungen, damit du heute bereinigst, was ansteht –, Christus, dein Erlöser, steht dir bei!

Das Leben schenkt dem Menschen viele Erfahrungen und macht ihn im Inneren reich, wenn er die Tagesimpulse aufnimmt und danach lebt.

Liebe Schwester, lieber Bruder, schon viele gehen den Weg zu Gott. Möchtest du dabeisein? Dann mache mit: Nimm diese Erklärungen an, und erprobe sie zuerst – denn wer selbst Erfahrungen gemacht hat, der geht freudig den Inneren Weg. Viele Menschen können die Gaben Gottes aus dem Gesetz der Liebe erst dann annehmen, wenn sie eigene Erfahrungen gemacht haben. Gott, unser himmlischer Vater, hilft auch denen, die zuerst eigene Erfahrungen brauchen, um dann bewusster und zielstrebiger den Weg zu Ihm zu gehen.

Erprobe und erfahre an dir selbst, was ich dir nun erklären werde. – Zuerst bespreche ich einen Tagesablauf, wie ihn viele Menschen erleben:

Viele nehmen die Zügel für ihr Denken und Handeln nicht in die Hand und vergeuden dadurch die Tage. Sie lassen die Tage kommen und wieder gehen – ohne darauf zu achten, was sie ihnen mitbrachten, sagen wollten und sagen wollen. Sie nehmen die Tage als selbstverständlich hin: Sie erwachen, stehen auf und denken, denken – unkontrolliert.

Während der Mensch seinen Körper reinigt und sich ankleidet, denkt, denkt und denkt er über alles Mögliche nach, was ihm gerade in den Sinn kommt. Er wälzt wesentliche und unwesentliche Gedanken. So gerät er schon am Morgen in ein Gedankenkarussell.

Es dreht und bewegt sich alles mögliche, und er ist sich dessen oft gar nicht bewusst. Er lässt sich von vielerlei Gedanken und Wünschen steuern.

Beim Frühstück redet und redet er sodann mit seiner Familie oder mit denen, die mit am Tisch sitzen. Er beachtet nicht, dass seine Nächsten eventuell einen ganz anderen Tagesrhythmus haben als er. Er möchte sich immer im Mittelpunkt sehen und redet, was ihm gerade in den Sinn kommt und auf der Zunge liegt. Er ärgert oder freut sich, je nachdem, was er dachte oder an wen er dachte.

Wer sein Leben so verbringt, dessen Unter- und Oberbewusstsein ist angefüllt mit unkontrolliertem Denken und Reden.

Auf dem Weg zur Schule oder zum Arbeitsplatz läuft das Gedankenkarussell weiter. Geht er zu Schul- oder Arbeitskollegen, dann redet, redet und redet er – ohne sich darüber Gedanken zu machen, ob das, was er sagt, wesentlich oder unwesentlich ist, ob es seinen Nächsten interessiert oder nicht. Er redet nur aus seinem Ich.

Wer sich so verhält, dessen Ober- und Unterbewusstsein ist vollgestopft mit allen möglichen Dingen, Gedanken oder Wünschen – und *ver*stopft für gute und gesetzmäßige Eingaben, für die Impulse aus dem Tag. Aus ihm fließt nur sein Ich heraus. Deshalb kann er auch von den göttlichen Impulsen und dem Schutzgeist kaum geführt werden, und es wird ihm wenig aus dem Tagespensum bewusst, das er heute umsetzen sollte. Er redet nur aus dem, was er sich selbst eingegeben hat, aus seinem Ich.

Die Folge ist, dass er sowohl in der Schule als auch am Arbeitsplatz an dem weiterdenkt, was sich im Ober- und Unterbewusstsein bewegt. Er kann deshalb das Arbeitspensum in Schule oder Beruf nicht so erfassen und umsetzen, wie es sein sollte, denn sein Ober- und Unterbewusstsein und seine Seelenhüllen sind gefüllt mit seinen eigenen Denkschablonen, Wünschen und Vorstellungen.

Schon am Vormittag sieht er die Sonne nicht mehr vor lauter ichbezogenen Wolken. Das heißt: Er empfängt nicht, was der Tag ihm sagen möchte. Er denkt an die Vergangenheit; er denkt an die Zukunft; er denkt über seine Probleme nach und über den Ärger mit dem Partner oder der Partnerin, mit den Kindern oder den Großeltern, den Schul- oder Arbeitskollegen. Nebenbei verrichtet er so recht und schlecht seine Arbeit, die ihn letztlich wenig interessiert, weil er ja beständig über sich selbst nachdenken muss oder darüber, was dieser oder jener ihm angetan hat oder antun könnte.

Das Mittagessen verläuft dann ähnlich wie das Frühstück: Er denkt und denkt; er redet und redet. Ähnliches geschieht auch in den Abendstunden: Er denkt, denkt, redet, redet – und schließlich bringt ihn dann eine Fernsehsendung auf andere Gedanken.

Was hat ein solcher Mensch wohl erlebt? Nur sich selbst! Doch das ist ihm meist gar nicht bewusst. Was hat er erkannt und bereinigt? Wenig oder gar nichts. Er hat also den Tag nicht genützt. So können wir sagen: Die Vergangenheit sowie seine Wünsche und Vorstellungen haben ihn gelebt. Er hat seine Entsprechungen durch sich leben lassen – und diese zugleich noch verstärkt, weil er nur über *seine* Angelegenheiten nachdachte und redete. Gedanken und Worte sind Kräfte. Er hat mit ihnen seine menschlichen Programme und Belastungen weiter aufgebaut und somit verstärkt. Deshalb hat er auch sein Arbeitspensum nicht in dem Maß erfüllt, wie er es hätte tun können, wenn er seine Gedanken gezügelt und bei der Arbeit gehabt hätte, anstatt seine Probleme zu wälzen.

Er hat also wenig oder gar nichts erkannt im Vergleich zu einem Menschen, der wach ist für die Tagesimpulse und der bereinigt, was ansteht. Mit einem solchen Menschen ist weder der Lehrer noch der Arbeitgeber zufrieden – gleich, welchen Beruf er ausführt, ob er Schüler, Angestellter, Arbeiter, Arzt, Ingenieur oder Handwerker ist. Solche Menschen, die wegen ihres eingeengten Bewusstseins nur über sich selbst nachdenken, sind in der Schule und in den Betrieben, gleich, an welchem Platz sie stehen, oftmals die schwarzen Schafe, die viel reden, doch wenig vollbringen.

Lieber Bruder, liebe Schwester, überprüfe du am Abend, ob dein Tag ähnlich wie geschildert verlaufen ist. Deine Empfindungen und dein Gewissen sagen es dir!

Jeder Tag ist interessant, wenn sich der Mensch für ihn interessiert, wenn er ihn nützt, ihn beachtet, ihn am Morgen schon als einen guten Freund annimmt und Gott dankt, dass der neue Tag wieder zu ihm kommt.

Zu jedem Menschen, der am Morgen erwacht, kommt der Tag zuerst als verhüllte Gestalt. Unter seiner Verhüllung birgt er das, was jeder Mensch heute erledigen und bereinigen sollte, ob im privaten Leben, in der Schule oder am Arbeitsplatz. Der Freund hilft auch, das Tagespensum zu erfüllen, und gibt gute, ja sehr gute Denkanstöße.

Du weißt inzwischen: Es gibt keine Zufälle. Alles ist vorgegeben und gesteuert durch die mittelbar oder unmittelbar wirkende Energie – durch deine Saat, die ebenfalls Energie ist, oder die unmittelbare Gottesenergie. Die unmittelbare Gottesenergie *führt* Seele und Mensch, die mittelbare Energie, deine Saat, *steuert* sie.

Jeder Mensch wird entweder mittelbar durch das Gesetz von Saat und Ernte *gesteuert*, nämlich von den Programmen oder der Saat, die er selbst in seine Seele eingebracht hat – oder er wird unmittelbar *geführt* von Gott, dem Inneren Leben, ohne Zwischenschaltung des Gesetzes von Saat und Ernte.

Du hast schon gelesen und in dich aufgenommen, dass die unmittelbare Führung nur dann möglich ist, wenn du das Gesetz von Saat und Ernte verlassen hast und deine Seele die lichte Gottesenergie aufzunehmen vermag. Die mittelbare Führung oder auch Steuerung geschieht über die Saat, über deine selbstgeschaffenen Ursachen, die als Programme in deiner Seele sind.

Sei wachsam für die Impulse des Tages! Erlebe und erfahre dich in ihnen – und du wirst dich selbst erkennen.

Liebe Schwester, lieber Bruder, erwirb dir ein Notizbuch, das du als *Tagebuch* verwenden kannst. Es soll so handlich sein, dass du es bei dir tragen kannst, der Junge im Anzug, das Mädchen in der Umhängetasche oder in der Schul- oder Arbeitstasche. Wo du es aufbewahrst, ist ganz dir überlassen. Das Tagebuch wird interessant, wenn du es gewissenhaft führst!

Es ist möglich, dass deine Eltern für dich bis zum 12. Lebensjahr schon ein *Erkenntnisbuch* geführt haben. Wenn ein solches vorliegt und du es als Tagebuch weiterführen möchtest, kannst du es tun, wenn du es möchtest.

Bitte deine Eltern, das Erkenntnisbuch abzuschließen und, wenn du willst, dir eine Widmung hineinzuschreiben mit ihren Erkenntnissen über dich, ihr Kind. Das wäre sicherlich ein schöner Abschluss der Kinderzeit und zugleich für dich das Fundament, auf dem du aufbauen und woraus du ersehen kannst, was noch zu bereinigen ansteht, welche Stärken, jedoch auch Schwächen du in der Kinderzeit hattest und eventuell noch hast.

Du beginnst nun mit deinem Tagebuch. Am Morgen findet das erste Tageserlebnis statt: Deine Seele nahm eine kleine Reinkarnation vor; sie kam aus einer anderen Welt wieder zurück in ihren Körper. Du bist also wieder erwacht. Hast du geträumt? Weißt du noch den Traum? Erscheint er dir wesentlich? Wenn ja, dann mache einige Notizen in dein Tagebuch!

Das Erste nach dem Erwachen sollte dein Dank an Gott sein für den neuen Tag. Bitte Gott, unseren himmlischen Vater, und deinen Erlöser, Christus, dass du den Tag so annehmen kannst, wie er zu dir kommt und wie er sich auch zeigen wird. Denke im Gebet auch an die Menschen, von denen du weißt, dass du ihnen heute begegnest. Es sind deine Eltern, Geschwister oder Großeltern. Wenn du noch zur Schule gehst, sind es deine Lehrer und Mitschüler. Bist du schon berufstätig, dann sende gute Gedanken zu den Arbeitskollegen und zu den Verantwortlichen oder zum »Chef«.

Sende gute Gedanken auch zu all jenen Menschen, denen du heute auf der Straße begegnen wirst und über die du dir eventuell Gedanken machst. Es gibt keine Zufälle! Wisse: Wenn dir ein Straßenpassant auffällt, dann will dir dies etwas sagen. Entweder sollst du auf deine Entsprechungen achten, oder du sollst dem Passanten verbindende Gedanken zusenden. Dadurch kann sich sowohl in deiner Seele als auch in der Seele deines Nächsten das lösen, was euch vielleicht noch aneinander gebunden hat. Deine Gedanken sagen aus, ob du mit deinem Nächsten seelisch noch im Unreinen bist. Oder du kennst die Seele aus den Seelenreichen – oder deine Seele erinnert sich an das Geistwesen, das jetzt im Menschen ist, das im Himmel mit dir vielleicht sehr eng verbunden war und ist.

Auf diese Weise nimmst du den noch verschleierten Tag an.

Im Laufe deiner irdischen und geistigen Entwicklung wird dir jeder Tag ein guter Freund werden. Denn er bringt dir nicht nur *Erkenntnisse* bezüglich deines Menschlichen, sondern er sagt dir auch, wie du es anpacken sollst, um es zu überwinden. Lerne, auf deinen Freund zu hören, und er wird dir auch Berater und nicht nur Künder sein.

Wenn du nicht nur horchst, was deine Nächsten sagen, wenn du nicht nur siehst, was dir ins Blickfeld kommt – wenn du also nicht nur Äußeres registrierst –, sondern dir angewöhnst zu *hören*, was dir dein Freund, der Tag, durch Menschen, Dinge, Geschehnisse und Ereignisse sagen möchte; und wenn du nicht nur siehst, was vor Augen ist, sondern *schauen* lernst – wenn du also das, was du gehört und gesehen hast, erst einmal auf dich wirken lässt, indem du *richtig hinhörst* und auch *richtig hinschaust*, dann wirst du hören, was dir dein Freund, der Tag, sagt, und schauen, was dir dein Freund aus dem übermittelt, was dein Nächster nicht ausspricht.

Wisse: Die meisten Menschen horchen nur auf die Worte und hören nicht hinter das Wort oder in das Wort hinein. Die meisten Menschen sehen nur auf den Menschen und schauen nicht, wie er wirklich ist. Du erkennst also den feinen Unterschied zwischen Horchen und Hören, zwischen Sehen und Schauen.

Der *Horcher* ist ein neugieriger Mensch oder ein Mensch, der alles mit seinem Intellekt erfassen möchte. Er erhorcht nur das Gesprochene und hört nicht das Unausgesprochene. Er kann nicht hinter die Worte hören oder in die Worte hineinhören und das heraushören, was unausgesprochen bleibt.

Wer nur *sieht*, der erkennt und erfasst nur, was ihm seine eigenen Seelenhüllen, seine Entsprechungen, und die Inhalte seines Ober- und Unterbewusstseins übermitteln. Daher sieht er nur den Schein, also das, was scheinbar offensichtlich ist, aber nicht die Wirklichkeit. Er sieht an der Wirklichkeit vorbei.

Der *Schauende* lässt zuerst die Situation und Angelegenheit auf sich wirken. Er reagiert deshalb nicht spontan, sondern lässt alles erst einmal an sich herankommen, um das Ganze richtig zu betrachten. Das heißt: Er nimmt die augenblickliche Situation und Angelegenheit erst einmal in sich auf. Daraus ergibt sich dann eine Kommunikation dieser Eindrücke mit dem Göttlichen in ihm.

Diese Kommunikation aktiviert sodann die geistigen Kräfte in der Seele des Menschen. Sie schwingen in das Oberbewusstsein, und der Gott Zugewandte schaut, was andere nicht sehen; er hört, was andere nicht hören – und weiß dadurch, wie er die Situation und Angelegenheit meistern kann.

Das bedeutet: Denke und sprich nicht bereits beim Hören und beim Schauen über eine Situation und Angelegenheit, sondern lasse diese erst einmal in dir wirken.

Gott, das Leben, sagt dir also über deinen guten Freund, den Tag, wie du in den verschiedenen Situationen und Angelegenheiten reagieren sollst, wie du sie anpacken oder bewältigen sollst und du somit die Augenblicke des Tages richtig nützest.

In dem Augenblick, da du am Morgen erwachst, also die Augen aufschlägst, kommt schon der gute Freund, der Tag, mit den ersten Gedanken auf dich zu. Er bringt schon einige wesentliche Gedanken, die für den Tag bestimmend sind. Du erkennst sie daran, dass sie dich erfreuen und du sofort weißt, was ansteht. Diese Gedanken notiere sofort in dein Tagebuch.

Die unwesentlichen Gedanken – wir nennen sie auch die Gedankenvagabunden –, die so zwischendurch anfliegen und dich beeinflussen wollen, dich umwölken, also unklar machen wollen, übergib sofort Christus, deinem Erlöser. Bete sogleich inbrünstig und danke von ganzem Herzen für die vergangene Nacht, für den neuen Tag und für deine Gesundheit. Sollten dir während der morgendlichen Toilette weitere wesentliche Gedanken kommen, dann halte sie ebenfalls in deinem Tagebuch fest.

Danach, wenn möglich noch vor dem Frühstück, setze dich ruhig und aufrecht auf einen Stuhl und bete von Herzen zu Gott. Danke für dein irdisches Leben. Danke für das morgendliche Erwachen. Danke abermals für den neuen Tag, den du aus Gottes Hand dankbar angenommen hast. Danke für die neuen Kräfte und für die Geborgenheit innerhalb der Familie. Danke für deine Eltern, die sich um dich sorgen, die dich als Kind behütet haben und auch jetzt noch behüten. Denke im Gebet auch an alle Menschen auf der Erde, an Not und Krankheit, an Licht und Dunkelheit.

Nach dem Gebet oder nach dem Frühstück – dann, wenn du noch ein wenig Zeit hast – überdenke die von dir notierten Gedanken. Höre in die Worte, in das von dir Aufnotierte, hinein und empfinde, was dir dein guter Freund, der Tag, damit sagen wollte. Er möchte dir nämlich sagen, wie du das von dir Notierte aufnehmen und verwirklichen kannst.

So haben z.B. Gedanken an die Schule oder Gedanken über deinen Beruf ihre Antwort schon in sich. Der Freund, der Tag, hilft dir, in die Antwort hineinzuhören und hineinzuschauen, damit du erfährst, was in dir selbst vorgeht und vorliegt und wie du es bewältigen kannst.

In jedem Hinweis ist die Lösung enthalten; sie wartet nur darauf, aufgenommen und *verwirklicht* zu werden. Auch liegt in jeder Frage eine gesetzmäßige Antwort, weil in allem Gottes Kraft, Liebe und Weisheit sind. Somit enthält jede Frage und jede Antwort zugleich auch die Lösung.

Erkenne: Auch im Gegensätzlichen ist die Lösung, das Positive. In jedem Problem, in jeder Schwierigkeit, in allem, was geschieht, ist Gottes Geist, Seine Hilfe – und somit die Lösung. Das ist doch wunderbar!

Ich wiederhole: Die Lösung, das Positive, das Gute ist in allem. Es ist der Geist Gottes, unser himmlischer Vater, der um alle Dinge weiß, der dich kennt, weil du Sein Kind bist.

Zusammenhänge zwischen Seele, feinstofflichen Gestirnen und materiellen Gestirnen – Einflüsse von Energiefeldern in der Erdatmosphäre und von erdgebundenen Seelen – Wende dich Christus, deinem Erlöser, zu!

Gott, unser himmlischer Vater, möchte dir beistehen und dir helfen, damit du nicht in die Irre gehst und nicht in die Irre geführt wirst.

Gott, dein himmlischer Vater, und dein Schutzgeist bemühen sich auf vielfältige Art und Weise, dich vor deinem eigenen Fehlverhalten zu bewahren und auch davor, dass du z.B. durch deine Mitmenschen in die Irre geführt wirst, womöglich sogar angehalten wirst, Dinge zu tun, die ungesetzmäßig, also sündhaft, sind.

Wer gegen das göttliche Gesetz handelt oder seine Mitmenschen dazu verführt, der belastet seine Seele. Und auch jene belasten sich, die hörig waren, die ausgeführt haben, was eventuell du ihnen aufgezwungen hast. Daher sei wachsam!

Der Verursacher – in diesem Falle du – belastet sich stärker. Die Ausführenden belasten sich ebenfalls, entsprechend ihrem geistigen Wissen, ihrer geistigen Verantwortung und ihrem Tun. Wegen ihrer Verstöße gegen das göttliche Gesetz, wegen ihrer Belastung also, bist sodann du – als Anstifter – und die Ausführenden mit dem Kausalband aneinander gebunden. Das Kausalband ist ein unsichtbares Band, das jene Menschen, die gemeinsame Ursachen geschaffen haben, im Gesetz von Saat und Ernte aneinander bindet.

Daher achte auf dein Verhalten und zwinge niemals deinem Nächsten deinen Willen auf – dass er tun soll, wovon du glaubst, dass es richtig sei! Denke daran: Jedes Wort und jede Tat, die ungesetzmäßig ist, also nicht im göttlichen Gesetz, kann dir zum Verhängnis werden. Die Wirkung erfährst du oft nicht sogleich.

Der Speicher, deine Seele, registriert sowohl dein gesetzmäßiges, dein selbstloses, göttliches Verhalten als auch dein gegensätzliches, ungöttliches, dein allzumenschliches Verhalten. Was die Seele speichert, das Positive sowie das Negative, registrieren ebenfalls feinstoffliche Gestirne, die Reinigungsplaneten. Du hast gehört, dass sich im Geiste Gleichschwingendes anzieht. Entsprechend ihrer Schwingung nehmen feinstoffliche Gestirne jene Seelen auf, die ihren irdischen Leib abgelegt haben, und sind vorübergehend deren Wohnstätte.

Du hast auch schon gelesen, dass der Mensch so lange von Gott mittelbar geführt wird, wie er im Gesetz von Saat und Ernte lebt.

Das Gesetz des ewigen Vaters ist die Liebe. Die Liebestrahlung, das ewige Gesetz, erhält alle Seelen und Menschen – und auch alle Gestirne in der ganzen Unendlichkeit. Gottes Liebegesetz strahlt auch in jene Gestirne ein, die deine positiven und deine negativen

Eigenschaften gespeichert haben. Trifft ein Gottesstrahl auf eine deiner Ursachen, die in einem Planeten registriert sind, dann wird zugleich auch in deiner Seele die Ursache aktiv. Bevor sie jedoch ausbricht, mahnen dich Gott, dein himmlischer Vater, und dein Schutzgeist – über die Ereignisse des Tages.

Ich wiederhole: Wenn Gott, unser Herr, dich mittelbar führt, also über den Tag, durch Worte, Gesten und Handlungen von Menschen oder durch sogenannte Zufallsbegebenheiten, dann leitet dies Gott, das Absolute Gesetz, das Liebegesetz, über die Gestirne ein.

Alle Menschen und alle Seelen, die noch im Gesetz von Saat und Ernte leben, stehen unter der Einwirkung der materiellen Gestirne und werden mehr oder weniger – je nach Seelenbelastung – über sie geleitet.

Du kennst die Sternbilder und hast sicher schon von den Konstellationen der Sterne gehört. Die Konstellationen der materiellen Gestirne sind Transformatoren jener Energien, die von den feinstofflichen Planeten kommen, von den Seelenreichen also, in denen deine Ursachen – ähnlich wie in deiner Seele – gespeichert sind.

Nun verstehst du dies: Jede Seele, auch die einverleibte, die sich im Körper des Menschen befindet, ist durch ein sogenanntes Strahlen- oder Informationsband mit den Reinigungsplaneten verbunden, in denen ihre Ursachen gespeichert sind. Das Licht einer Seele reicht nur so weit, wie ihr Bewusstsein entwickelt ist;

dementsprechend werden Seelen und Menschen geführt.

Viele belastete Seelen und Menschen stehen in enger Kommunikation mit Energiefeldern, die sich in der Atmosphäre der Erde befinden. Von dort rufen sie Informationen ab. Diese Energiefelder können auch von den feinstofflichen Reinigungsplaneten bewegt werden, in denen die Ursachen gespeichert sind, die im Gesetz von Saat und Ernte geschaffen wurden.

Wer sein Leben nicht auf Gott ausrichtet, sondern auf außerirdische Kräfte, der zieht auch jenseitige Seelen an, die dann durch ihn ihre Interessen ausführen – welche letztlich auch in ihm als Entsprechungen liegen. Beeinflussen können auch Seelen, deren Interessen mit den entsprechenden Energiefeldern gleichschwingen.

Steht die Seele eines Menschen unter den Einflüssen dieser Kräfte, so ist auch der Mensch erdverhaftet, weil sich seine Seele nicht himmelwärts orientiert, sondern sich mit Einstrahlungen aus solchen Bereichen begnügt. Ebenso ist auch die Seele eines sehr erdverhafteten Menschen an die Erde gebunden, wenn er nur auf sein materielles Wohl bedacht ist.

Wenn eine erdgebundene Seele ihren hinscheidenden Körper verlässt, dann kann sie nicht in das Licht Gottes eingehen. Sie wird so lange erdgebunden bleiben, bis sie in Christus erwacht und durch Christus aufersteht.

Auf der Erde befinden sich viele solcher Seelen; sie sind für menschliche Augen unsichtbar. Diese Seelen können erdverhaftete Menschen beeinflussen, also solche Menschen, deren Sinnen und Trachten auf die Materie bezogen ist, die nur eingestellt sind auf das, was sie sehen, horchen, riechen, schmecken und betasten können. Es sind Menschen, die ihr niedriges, menschliches Ich pflegen und ihre Mitmenschen beeinflussen – auf sie also bestimmend einwirken – und von ihnen Dinge fordern, die ungesetzmäßig sind.

Sie streben nur nach Besitz, Sein und Haben. Diese Menschen können also von negativen Energiefeldern oder von erdgebundenen Seelen beeinflusst werden. Auch starke Raucher, Trinker, Völler, also genusssüchtige Menschen, auch Rauschgiftsüchtige oder sehr stark sexuell veranlagte Menschen können von atmosphärischen Energiefeldern oder von erdgebundenen Seelen beeinflusst werden.

Aus diesen Gefahren herausführen und vor solchen Einflüssen beschützen kann dich nur die selbstlose Liebe, die Gottes- und Nächstenliebe. Daher sollte es für dich und letzten Endes für jeden Menschen oberstes Gebot sein, die selbstlose Liebe zu entwickeln – das Gesetz Gottes, das zur inneren Freiheit und Unabhängigkeit führt.

Christus, der Sohn Gottes, dein Erlöser, hat sich durch das Golgatha-Opfer jeder Seele und jedes Menschen angenommen. Er hat bei Seinem »Vollbracht«

einen Teil der Urenergie, Sein göttliches Erbe, aus der Urzentralsonne gelöst, es aufgeteilt und jeder Seele davon einen Funken übertragen. Dadurch hat sich jede Seele stabilisiert. Das heißt: Sie kann sich nicht so weit herunterentwickeln, dass sie sich eventuell in Tiere einverleiben muss oder gar zur Strahlung von Pflanzen oder Steinen wird.

Einige Religionen lehren, dass sich Seelen in Tiere, Pflanzen oder Steine einverleiben können. Das entspricht nicht dem universellen Gesetz Gottes – die Finsternis wollte dies. Christus jedoch hat es durch Seine Erlösertat verhindert.

Aus dem Buch »Ich berate – nimmst Du an?« weißt du: Steine, Pflanzen und Tiere sind Leben aus Gott. Sie sind noch im Evolutionsprozess hin zu einem vollkommenen Geistkörper, der zur Kindschaft Gottes erhoben wird. Steine, Pflanzen und auch die niederen Tierarten haben keine Seele. Sie stehen in einem sogenannten Kollektiv-Verbund. Das heißt: Sie werden als gleichentwickelte Arten vom Licht Gottes bestrahlt und belebt und auch vom ewigen Gesetz weiterentwickelt.

Da jede Seele durch das Golgatha-Opfer aus dem göttlichen Erbe des Erlösers Christus die Kraft erhielt, welche ihr Stabilität verleiht und die Kindschaft erhält, kann sie niemals so weit fallen, dass sie sich über Tiere, Pflanzen und Steine zurückentwickelt, um zuletzt nur noch ein Strahl zu sein, der wieder von neuem den Evolutionsweg nehmen muss: vom Stein über die Pflanze zum Tier und zum Naturwesen bis hin zum Gottes-kind.

Zu deiner Erkenntis wiederhole ich: Eine Seele kann sich weder in ein Tier noch in eine Pflanze oder in einen Stein einverleiben. Die Erlöserkraft hat sie davor bewahrt. Christus hat durch Seine Erlösertat alle Seelen und Menschen *an*genommen.

Sicher wirst du fragen, wann dich Christus *auf*nehmen kann. Er kann dich dann aufnehmen, wenn du dich von Ihm aufnehmen lässt. Das heißt: wenn du dich deinem Erlöser, dem Gotteslicht in dir, zuwendest – wenn du dich also bemühst, selbstlos zu werden.

Selbstlos werden heißt: allein Gott gefallen zu wollen, indem du mit deinen Mitmenschen Frieden hältst, sie nicht beschimpfst, sondern Verständnis für sie hast, indem du liebevoll und gütig denkst und sprichst und den Menschen hilfst, die der Hilfe bedürfen – ohne nach Lohn und Anerkennung zu fragen. Das ist Selbst-losigkeit.

Gott, unser himmlischer Vater in Christus, und dein Schutzgeist helfen dir, selbstlos zu werden. Sie führen dich mittelbar und zeigen dir, ob du schon selbstlos bist oder woran du noch arbeiten sollst.

Wie du nun weißt, erlebst du die vielfältige mittel-bare Führung durch den Geist Gottes über die Tages-energie – also über die Tagesereignisse, über Menschen, denen du begegnest, auch über deine Eltern, Groß-eltern, Verwandten, Lehrer, Arbeitskollegen und -kolleginnen oder über deinen Chef in deinem Betrieb. Du erlebst, ob du selbstlos bist oder woran du noch arbeiten sollst — über Straßenpassanten, spielende Kinder und alle Menschen und Dinge, die dir auffallen und dir Denkanstoß sind. Auch dein Gehör-, Geruchs-, Geschmacks- und dein Tastsinn können in dir Gedanken auslösen, die dir sagen, was in dir schon bereinigt oder aber noch nicht bereinigt ist und zur Verwirklichung ansteht.

Sei wachsam und bemühe dich, das Menschliche zu bereinigen, indem du um Vergebung bittest und vergibst, wenn du beispielsweise einen heftigen Wortwechsel hattest oder dich gar geschlagen hast. Wenn du dann gleiche oder ähnliche Ursachen nicht mehr schaffst, dann bist du von Christus aufgenommen.

Durch dein positives, gesetzmäßiges Leben erweiterst du dein Bewusstsein. Das Christuslicht in dir beginnt stärker zu leuchten und dich zu durchstrahlen. Du schaust mehr und mehr die Dinge und Geschehnisse im rechten Licht. Wenn du dann deiner geistigen Entwicklung gemäß empfindest, denkst, sprichst und handelst, dann wirst du durch Christus und in Christus auferstehen.

Nach deinem Leibestode bist du dann keine erdgebundene Seele mehr. Deine lichte Seele geht zu den lichten, feinstofflichen Planeten, welche die gleiche Schwingung haben wie du. Wisse: Die Hilfe ist in dir. Es ist der Christus-Gottes-Geist, dein Erlöser.

Es gibt keine Zufälle: Alles ist geführt oder gesteuert – Die Selbstprogrammierung des Menschen

Als deine Schwester aus dem Licht, darf ich, Liobani, dir nun übermitteln, wie du richtig – also gesetzmäßig – empfinden, denken, sprechen und handeln kannst. Damit du mich besser verstehst, werde ich mit meinen Erklärungen etwas weiter ausholen:

Du kannst deine Seele und deinen Körper mit einem Computer vergleichen. So wie der Computer programmiert wird – also Daten speichert –, so programmiert auch der Mensch sein Oberbewusstsein, sein Unterbewusstsein – also seine Gehirnzellen – und seine Seele, die Seelenpartikel. Er programmiert sich also selbst: mit seinen Empfindungen, Gedanken, Worten und Handlungen. Von dieser Programmierung wird er sodann gesteuert. Diese Steuerung wirkt auch auf seine fünf Sinne: Der Mensch sieht, hört, riecht, schmeckt und betastet – entsprechend seiner Selbstprogrammierung.

Jeder Mensch hat im Laufe seiner Erdenleben in seiner Seele mehrere Programme gespeichert. Sofern sie aktiv sind, stehen sie mit gleichen oder ähnlichen Programmen in der Erdatmosphäre in Verbindung. Diese Verbindung nenne ich auch *Kommunikation*.

Programme sind Energiekomplexe, auch Energiefelder genannt, die sich aus unzähligen Empfindungen, Gedanken, Worten und Handlungen zusammensetzen.

Dazu ein Beispiel: Auch deinem Schulweg liegt ein Programm zugrunde, das du dir selbst – mit Hilfe deiner Eltern, Großeltern oder mit Schulfreunden – vorgegeben hast. Du hast dir z.B. Gedanken gemacht, welchen Weg oder welche Wege zur Schule du wählen sollst – und du hast sie erprobt.

Bevor du dir den Weg oder die Wege gewählt hast, hast du dir überlegt, welcher Weg wohl kürzer ist, welcher angenehm zu laufen ist, an welchen Häusern du vorbeikommst, welche Menschen dort wohnen, welchen Menschen du begegnen wirst und ähnliches mehr. Das alles hast du in dich aufgenommen. Dies ist nun ein Programm, das in deinen Gehirnzellen gespeichert ist.

Dieses Programm – auch Energiefeld oder Energiekomplex genannt – sucht immer wieder eine Kommunikation, eine Verbindung mit einem Energiefeld, das ihm entspricht, z.B. mit dem deines Schulweges. Mit diesem Energiekomplex kommunizierst du sodann und wirst dadurch wie automatisch sehr oft den gleichen Weg zur Schule gehen.

Hast du z.B. mehrere Wege zur Schule erprobt, so entstanden in dir verschiedene kleine Programme. Hin und wieder denkst du: »Nun, ich werde einmal einen anderen Schulweg wählen.« In nächster Zeit kommt dieser Gedanke öfters – und plötzlich wirst du einmal einen anderen Weg nehmen!

Siehe, auch dies ist kein Zufall – so wie nichts im Leben Zufall ist. In der ganzen Unendlichkeit gibt es keine Zufälle! Alles ist von der unsichtbaren Kraft, die wir Gott oder auch das Gesetz Gottes nennen, wohl geordnet. In der ganzen Unendlichkeit gibt es nichts, was außerhalb des Gesetzes Gottes ist. Alles, auch das kleinste Staubkorn, ist dem göttlichen Gesetz untergeordnet. Auch das Gesetz von Saat und Ernte, das Kausalgesetz, wird vom Göttlichen, also vom Absoluten Gesetz, von Gott, durchdrungen und ist diesem untergeordnet.

Ob deine Seele nun schon licht- und kraftvoll ist, also im Gesetz Gottes lebt oder noch im Gesetz von Saat und Ernte – du bist dem Absoluten Gesetz, Gott, untergeordnet!

Es gibt keine Zufälle. Alles ist gesteuert oder geführt.

Die ewige Wahrheit strahlt in vielen Facetten in diese Welt. So will ich dir noch aus einer anderen Facette der ewigen Wahrheit die Aussagen »gesteuert« und »geführt« erklären:

Wer noch im Gesetz von Saat und Ernte, im Kausalgesetz, steht, der wird von seinen Ursachen, den Schatten seiner Seele, *gesteuert*. Das Absolute Gesetz wirkt wohl in allem, was ist, in allen Dingen, in Menschen, Seelen, Gestirnen, Tieren, Pflanzen und Steinen. Solange der Mensch jedoch noch im Kausalgesetz lebt, wirkt das ewige Gesetz nur mittelbar, über das Gesetz von Saat und Ernte, ein; es wirkt also auf die Ursachen des Menschen, auf seine Schatten – weil das ewige Gesetz die Seele und den Menschen nicht voll und ganz zu durchdringen vermag.

Du kannst dir das so vorstellen: Die Ursachen des Menschen, die Schatten seiner Seele, können mit einem Staudamm verglichen werden. Der Staudamm ist der Hinderungsgrund. Er lässt das ewige Gesetz nicht voll strömen. Er weist also den Strom Gottes zurück. Der Strom Gottes fließt wohl als ein kleines Rinnsal durch den Staudamm – es ist die Lebenskraft, die den Menschen gerade noch erhält; der Mensch würde sagen: die gerade noch den menschlichen Körper so recht und schlecht am Leben erhält. Alles andere vollzieht sich durch die latenten oder aktiven Schatten, die den Menschen zeichnen und beeinflussen.

Der Strom Gottes, die göttliche Strahlung, vermag nicht die Materie und auch nicht die Seele ungehindert zu durchdringen, weil die Schatten, die Belastungen, im Wege sind; jedoch die Strahlung trifft auf einen oder mehrere Teilbereiche der Schatten. Diese Teilbereiche der Schatten des menschlichen Ichs werden sodann aktiviert; sie steuern die Seele und den Menschen und bewegen die Dinge, die vom Menschen geschaffen sind und an welche er noch gebunden ist.

Auch die Tagesenergie, in der das Licht Gottes wirkt, bringt Dinge, Seelen und Menschen in Bewegung und lässt sowohl das Gute als auch das weniger Gute oder das Böse, wie du es nennst, offenbar werden.

Das alles wird gesteuert von dem, was du einst selbst eingegeben hast, also von deinem Programm, deinen Ursachen. Was also in deiner Seele aktiv ist, was du in früheren und in diesem Erdenleben verursacht hast – was also in deiner Seele oder in deinem Unter- und Oberbewusstsein liegt –, steuert dich.

In deinem Erdenleben kommt es also auf deine Seelenbelastung, jedoch vor allem auf deine Verwirklichung an: Entweder wirst du von deinem von dir selbst geschaffenen Gesetz *gesteuert* – oder von Gott, dem ewigen Gesetz, *geführt*.

Wenn du aufmerksam deine Reaktionen verfolgst, kannst du das erkennen, z.B. wenn du bestimmten Menschentypen begegnest, wenn du stolperst, wenn dir ein Gegenstand aus der Hand fällt oder wenn dein Nächster etwas sagt, das du nicht bejahen kannst, oder wenn er dich gar beschimpft. Du erkennst die Steuerung oder Führung an der Weise, wie du reagierst: ob du dich erregst, negativ denkst, sprichst und deinen Nächsten ebenfalls beschimpfst – oder ob du gelassen und ruhig bist, einerlei wer oder was auf dich zukommt.

Es ist auch Folgendes möglich: Du begegnest z.B. auf deinem Schulweg immer wieder denselben Menschen. Du siehst sie und gehst an ihnen vorbei, ohne über sie nachzudenken. Vielleicht grüßt du den einen oder anderen Passanten sehr freundlich, weil du ihm immer und immer wieder begegnest, doch du denkst nicht weiter über ihn nach. Das kann Tage, Wochen oder gar Monate so gehen. Plötzlich, am heutigen Tage, kannst du einen dieser Passanten nicht mehr frei grüßen. In deinem Inneren steigt plötzlich ein Groll gegen diesen Menschen auf. Du merkst, dass dich seine Haltung ärgert – obwohl er diese Haltung schon immer hatte. Du hast es bisher nur nicht bewusst gesehen. Was liegt da wohl zugrunde?

Die Seele des Passanten und deine Seele sind durch Ursachen verbunden. In einem eurer Vorleben habt ihr Ursachen geschaffen. Die Tagesenergie von heute hat nun in deiner Seele diese Aspekte angerührt. Was möchte dir die Tagesenergie, dein guter Freund, über die Aufwallung deines Gemüts sagen? Sie will dir sagen: Bitte die Seele dieses Menschen um Vergebung! Du brauchst den Menschen nicht anzusprechen, denn er weiß ja nichts davon, nur du ahnst es. Wenn du nun die Seele dieses Passanten um Vergebung bittest für das, was einst vorgefallen ist – wobei du nicht wissen musst, *was* zugrunde liegt –, gehen von dir feine Strahlen zur Seele dieses Menschen. Je nach dem Reifegrad der Seele nimmt diese von selbst oder sogar bewusst die feinen Schwingungen auf. Dabei kann das, was in beiden Seelen, also in dir und in deinem Nächsten, dem Straßenpassanten, als Ursachen vorlag, umgewandelt, also hinweggenommen werden – oder es bleibt nur noch eine Teilbelastung in dir und in der Seele deines Nächsten. Es kommt auf die Intensität der Belastung an.

Es ist auch möglich, dass in dir wohl alles bereinigt ist, in der Seele des Passanten jedoch noch nicht, weil ihn die Tagesenergie über die Konstellation der Planeten noch nicht erreichen konnte. So kann es sein, dass ihr euch in diesem Erdendasein wieder begegnet und es dann deinem Nächsten, dem Passanten, ähnlich ergeht, wie es dir heute erging.

Oder ihr beide werdet euch erst in einem anderen Erdenleben begegnen oder als Seelen in den Stätten der Reinigung, wenn bis dahin in euch beiden immer noch entsprechende Ursachen liegen.

Ist in dir jedoch alles getilgt, und blieb nur in der Seele deines Nächsten noch ein Rest von Ursachen zurück, dann musst *du* ihm nicht mehr begegnen, auch nicht mehr in den Seelenreichen: Die Seele kann dir in den Stätten der Reinigung noch einige Male begegnen oder der Mensch hier auf dieser Erde. Die Seele wie auch der Mensch können mit dir gedanklich noch Schwierigkeiten haben – ähnlich, wie es dir jetzt erging. Du selbst jedoch musst ihm weder begegnen noch ihn sehen.

Wenn du ihm doch begegnest, weil es für ihn gut ist, damit er sich immer wieder selbst erkennen kann, dann wird von dir, der du ihm gegenüber frei geworden bist, ein freundlicher, liebevoller Gruß kommen, der unter Umständen der Seele und dem Menschen hilft, das abzulegen, was in ihm noch gegen dich schwelt.

Wenn bei der erneuten Begegnung dein Herz und dein Gemüt ruhig bleiben, dann kannst du annehmen, dass vieles oder alles, was in dir gegen deinen Nächsten vorlag, bereinigt ist.

An diesem Beispiel kannst du erkennen, was Steuerung und was Führung ist: Solange es zwischen Menschen noch etwas zu bereinigen gibt, sind sie *gesteuert*. Zur gegebenen Zeit werden sie einander zugeführt. Wenn in deiner Seele alles weitgehend bereinigt ist, so sind deine Schatten durchlichtet; dann beginnt allmählich die *Führung*: Du begegnest dann auch vielen Menschen – doch in dir ist Friede und ausstrahlende Liebe.

Achte also auf dein Verhalten gegenüber Menschen und Dingen! Dann wirst du erkennen, ob es Steuerung oder Führung ist, die dich leitet.

Erkenne: Wenn du z.B. an einem Geschehen oder an einem Menschen Anstoß nimmst und dich darüber erregst, dann möchte dir diese Angelegenheit oder Begegnung etwas sagen – denn es gibt keine Zufälle.

Jede Erregung zeigt dir, dass in dir selbst etwas nicht in Ordnung ist, also in dir selbst eine Ursache vorliegt. Nie ist die Sache oder Angelegenheit oder der Mensch der alleinige Urheber deiner Erregung. Daher solltest du zuerst bei dir selbst nachsehen!

Ich komme noch einmal auf deinen Schulweg zu sprechen: Du nimmst also Woche für Woche den gleichen Weg zur Schule. Plötzlich kommt dir in den Sinn, heute einen anderen Weg zu gehen. Was liegt dem zugrunde – wenn wir davon ausgehen, dass es keine Zufälle gibt?

Was dir heute auf dem anderen Weg widerfährt, kann dir weitere Anstöße geben, dich selbst zu erkennen und das zu bereinigen, was du dabei an Menschlichem erkennst. Was du erkannt hast, sollte dann umgesetzt werden.

Oder ein Bekannter kommt und nimmt dich in seinem Auto mit. Bist du geführt, dann wirst du große Freude erleben, dann hat dich Gott durch den Tag für deine selbstlose Liebe und Güte beschenkt, die du in diesem oder in einem der Vorleben deinen Mitmenschen hast zuteil werden lassen. Das war dann die unmittelbare Führung aus dem Absoluten Gesetz der Liebe Gottes. Gott, unser Vater, ist gütig.

Finde in allem Gegensätzlichen das Positive – Gesetzmäßige Antworten und Lösungen – Sprich Negatives über das Positive an!

Du hast gehört: In allem Negativen ist das Positive.

Das Positive ist die Lösung für alles, was auf dich zukommt. Die positiven Kräfte sagen dir, wie du das Gegensätzliche, das Menschliche, überwinden kannst und welche Schritte du tun sollst. Die positiven Kräfte sagen dir auch: So, wie du jetzt denkst und sprichst, wie also deine Kommunikationen sind, so bist du noch. Wenn dir Gegensätzliches widerfährt – und sei es nur eine kurze Aufwallung von Neid und Eifersucht in dir –, dann suche darin das Positive zur Lösung! Wie du gehört hast, ist in jeder Erregung, in allem Menschlichen, der Keim des Positiven als Hilfe zur Erkenntnis und zur Verwirklichung.

Bete viel, und bitte immer wieder den Christus Gottes, den Geist in dir, um die innere Führung und um Erkenntnis in allem! Mit dieser Bitte an den Geist Gottes um Hilfe zur Erkenntnis und zur Bereinigung des Menschlichen stößt du den Keim an, die positive Kraft. Diese beginnt dadurch stärker zu schwingen und sucht sich sodann in dir einen Weg, um sich dir mitzuteilen. Zu welcher Zeit und auf welche Weise die Lösung zu dir kommt, das überlasse Gott, deinem himmlischen Vater in Christus, deinem Erlöser. Vertraue darauf, dass du die Lösung aus Gottes Händen *dann* erhalten wirst, wenn es für dich gut ist.

Alles, was der Mensch an sich bindet, daran ist auch er gebunden. Sind die Werke des Menschen gegen das göttliche Gesetz, dann sind sie vom Kausalgesetz, dem Gesetz von Saat und Ernte, durchdrungen, und der Mensch, der sie geschaffen hat, ist an sein Menschenwerk gebunden.

Sind die Werke des Menschen, das, was er geschaffen hat, im Willen Gottes, also im Gesetz Gottes, dann ist sein Tun gesegnet und vom Gesetz der Liebe durchdrungen.

Gute Menschen, deren Seelen licht sind, binden ihre Mitmenschen nicht an sich. Denn sie erwarten nicht, dass ihre Mitmenschen das tun, was sie selbst für richtig halten. Lichte Menschen sind verständnisvoll, tolerant und wohlwollend. Entsprechend sind auch ihre Werke und ihr Tun. Diese geistige Haltung führt zur selbstlosen Liebe und zu einem echten Dienst am Nächsten. Die Werke solcher Menschen sind gut und dienen dem Gemeinwohl, nicht nur dem Eigenwohl.

Eigensüchtige Menschen denken nur an sich. Was sie auch tun: Sie wollen Aufwertung und Bestätigung.

Verständnis, Toleranz und Wohlwollen besagen nicht, dass du das negative Tun deines Nächsten gutheißen sollst!

Sprich jedoch nicht negativ über deinen Nächsten und sein Tun, denn jeder Mensch steht auf einer anderen Bewusstseinsstufe und erkennt unter Umständen nicht, was er augenblicklich tut. Der geistige Mensch kann einen solchen Menschen auf seine Fehler und Schwächen wohl ansprechen, er darf ihm diese jedoch nicht vorhalten.

Nach dem Gesetz Gottes, der selbstlosen Liebe, bemüht sich ein geistiger Mensch, das Negative über das Positive anzusprechen. Das heißt: Finde in allem Menschlichen, in allem negativen Reden und Tun, das Positive und sprich *zuerst* dieses Positive an – und dann erst das Negative! Mit Verständnis, Toleranz und Wohlwollen dem Nächsten gegenüber findest du viele positive Aspekte in deinem Nächsten. Baue darauf das Gespräch auf und lenke es dann vorsichtig auf das falsche Verhalten und Tun.

Wer zuerst das Positive anspricht, der findet auch die rechten Worte für das Gegensätzliche, um den Nächsten darauf aufmerksam zu machen. Erkenne: Diese Gesprächsführung, vom Positiven her auf das Gegensätzliche einzugehen, ist der Schritt in das unpersönliche Denken, Reden und Handeln.

Du wirst nun fragen: »Was ist persönlich und was ist unpersönlich?« Ich werde in meinen Erklärungen noch darauf zurückkommen. Habe Geduld.

Ich komme noch einmal auf die Lösung zu sprechen, die in allem Gegensätzlichen enthalten ist:

Du begegnest z.B. Schulkameraden, Schulkameradinnen oder Lehrern deiner Schule. Du bemerkst: Nicht jeder sieht glücklich aus. Der eine ist mürrisch, der andere erwidert deinen Gruß nicht, obwohl er dein Grüßen gehört hat. Wieder ein anderer lässt den Kopf hängen, weil er schwerwiegende Gedanken bewegt; der nächste ist freundlich, das Glück strahlt aus seinen Augen.

Hier gilt die Grundhaltung: Habe für sie alle Verständnis, denn auch du bist oftmals in gleicher oder ähnlicher Situation! Sie sind ihrer Seelenbelastung entsprechend gesteuert oder geführt. Wenn du z.B. in der Schule mit den Schulfreunden oder -freundinnen sprichst, sei dir bewusst: In jeder Frage, in jedem Wort und in jedem Satz ist zugleich die Lösung enthalten, die Antwort, die du nach dem Gesetz Gottes geben kannst.

Wenn du positiv, das heißt selbstlos, sprichst oder schreibst, dann musst du die Worte, die Lösung, nicht suchen; dein Wort ist dann klar und eindeutig. Du empfindest, was du sagen oder schreiben sollst, zuerst in dir selbst. Du solltest also das Gehörte oder Gelesene zunächst in dir nachschwingen lassen, bevor du antwortest, sprichst, schreibst oder handelst.

In jedem Menschen, auch in dir, ist das Allbewusstsein. Es ist der unbelastbare Geist, Gott, die alles durchströmende Kraft, die in allem Sein wirksam ist. Somit gibt dir der Geist Gottes die gesetzmäßige Antwort auf jede Frage und die gesetzmäßige Lösung in jeder Schwierigkeit und zu jedem Problem.

Gesetzmäßige Antworten und Lösungen kannst du nur aus dem Allbewusstsein, dem allgegenwärtigen, strömenden Geist, Gott, empfangen. Die Voraussetzung dafür ist, dass du über deine Mitmenschen nicht mehr urteilst und sie nicht verurteilst, dass du also über ihre Worte und ihr Tun nicht mehr richtest, sondern Verständnis walten lässt. Dann wirst du auch von innen her empfangen.

Verständnis haben heißt jedoch nicht, dass du bejahen sollst, dass die Menschen bleiben, wie es viele sind: menschlich und gegensätzlich, das heißt gesetzwidrig nahezu allem gegenüber.

Wenn du dein Ich immer wieder annimmst, um es zu erkennen und zu überwinden, indem du seine Facetten Christus übergibst und, wo es notwendig ist, deinen Nächsten um Vergebung bittest und ihm vergibst und wiedergutmachst, was du verursacht hast, dann lebst du mehr und mehr in dir und näherst dich dem Göttlichen in deinem Inneren.

Je näher du dem göttlichen Urquell kommst, desto mehr sind deine Antworten im göttlichen Gesetz. Und auch die Lösungen für alle Schwierigkeiten und Probleme kommen sodann aus der reinen Quelle, Gott, in dir. Es ist das Göttliche, das Unbelastbare in deiner Seele, das dir die Lösung aller Probleme und Schwierigkeiten zeigt. Von dort fließen dir auch die gesetzmäßigen Antworten zu, in allen Gesprächen und auf alle Fragen.

Die Antwort und die Lösung, die dir Gottes Geist gibt, das ewige Gesetz der Liebe, ist *unpersönlich*.

Das Unpersönliche wertet nicht. Es teilt sich so mit, dass du und dein Nächster keinen Schaden nehmen. Das Unpersönliche lässt jeder Seele und jedem Menschen den freien Willen. Es zwingt den Nächsten nicht. Es gibt nur Ratschläge und Hilfen und überlässt es dir und deinem Nächsten, auch anders zu handeln. Das Unpersönliche in dir ist der göttliche Ratgeber, der nicht bestimmt.

Eine gesetzmäßige, unpersönliche Antwort und Lösung kommt nur dann aus deinem Inneren, wenn du dich bemühst, dein Menschliches abzulegen, um dem Urstrom, dem Allbewusstsein, näherzukommen. Richte und urteile also nicht; denn alles, was von dir ausgeht, kommt wieder auf dich zurück!

Wenn du mit deinen Nächsten – mit deinen Eltern, Verwandten, mit Schulfreunden, Schulfreundinnen und Lehrern – sprichst, denke an meine Worte: Bleibe unpersönlich! Finde *in dir* das Richtige, das du zum Gespräch beitragen kannst: die gesetzmäßige Antwort und auch die gerechte Lösung bei Schwierigkeiten und Problemen.

Wie findest du zu Gott in deinem Inneren, zum Innengott, der das Allbewusstsein ist, der Ur-Geist?

Zum ersten nimm deine Sinne zurück! Blicke nicht nur auf Äußerlichkeiten. Alles Äußerliche, wie es auch erscheint, birgt das Gute, das Göttliche, das Sein. Horche nicht nur auf die menschlichen Worte. Höre in dich hinein, und du findest den Sinn in ihnen.

Bewege auch keinerlei Gedanken über das, was gesprochen wird. Nimm zuerst das Gesagte in dich auf. Bitte nun Gott um die richtige Antwort, um ein gesetzmäßiges Gespräch. Dann wirst du auch empfangen!

Wisse, der Mensch, das niedere Ich, wertet sehr rasch ab und bildet sich damit ein Urteil. Derjenige, der abwertet, will sich damit wieder selbst aufwerten. Wer andere abwertet, um sich selbst aufzuwerten, der hat wenig Geistigkeit. Ihm fehlen die göttlichen Energien. Abwerten heißt, seinem Nächsten etwas »anzudichten« oder ihm Menschliches nachzusagen. Wer das tut, der will damit sagen: »Ich bin besser als mein Nächster.« Das ist Aufwertung.

Nimm dich also zurück, und bemühe dich, das, was dein Nächster sagt, in dich aufzunehmen! Das gelingt dir nur dann, wenn du deinen Nächsten *angenommen* hast – ihn also nicht abwertest, sondern anhörst, ohne ihn dabei in Gedanken zu werten. Annehmen heißt: für ihn Verständnis zu haben; denn im Verständnis liegt das rechte Verstehen. Dann erst fließt die rechte Antwort oder die gesetzmäßige Lösung dir aus deinem Inneren zu; das heißt: Dir wird die rechte Antwort oder Lösung bewusst.

Wenn du also deinen Nächsten annehmen kannst, dann wirst du seine Worte in jenem Teil deines geistigen Bewusstseins aufnehmen können, den du schon erschlossen hast, der also unbelastet und licht ist. Wenn die Schatten, die über deinem göttlichen Bewusstsein liegen, durchlichtet oder gar aufgehoben sind, dann schimmert das Licht stärker hindurch, und du empfängst eine gesetzmäßige Lösung. Diese strahlt dann in die von dir gereinigten und auf Gott ausgerichteten Gehirnzellen ein und übermittelt dir unmittelbar die Antwort für Schwierigkeiten und Probleme und damit die Antworten auf Fragen, für Gespräche oder Briefe.

Auch in deinen Schulaufgaben liegt die gesetzmäßige Lösung. Wir werden später darauf kommen.

Du hast also jede gesetzmäßige Lösung und Antwort in dir selbst, weil dein innerer Leib göttlich, das Absolute Gesetz selbst, ist. Sie fließen dir nur dann zu, wenn du *nicht gegen* deinen Nächsten bist, sondern *für* ihn.

Das Absolute Gesetz hat auf jede Frage eine gesetzmäßige Antwort und für jede Schwierigkeit und für jedes Problem die gesetzmäßige Lösung – für alles, was geschieht.

Selbst in jedem Gegenstand ist die positive Kraft, die Lösung für Probleme oder Schwierigkeiten, die mit diesem Gegenstand in Zusammenhang stehen. Die gesetzmäßige Lösung sagt dir, wie du Gegenstände und Dinge bewegen, betrachten oder auch benützen sollst.

Das erschlossene geistige Bewusstsein – Der wahre Reichtum – Bete und arbeite – Alles Nötige wird gespeichert, z.B. der Lehrstoff – Dem Reinen dient das Reine

Lieber Bruder, liebe Schwester, wie erreichst du das Leben in Gott? Es ist wunderbar! Ich weiß es, weil ich dieses Leben bin. Du bist es auch!

Wie viele Menschen wissen das jedoch nicht, da sie immer noch urteilen, verurteilen und alles ihrem kleinen, menschlichen Horizont entsprechend bewegen und bewerten.

Allmählich erkennst du, dass im Menschen ein mächtiger *Schatz* liegt – von unvorstellbarer Größe und geistiger Stärke. Es ist die Quelle und der Ursprung der Quelle – Gott. Es ist die kosmische Energie und der Ursprung der kosmischen Energie – das Urlicht, von dem das Gesetz für die Unendlichkeit ausgeht.

In jedem Menschen, tief in seiner Seele, liegt das ganze Universum verborgen, das aus den sieben Grundkräften besteht. Es sind die ewigen Himmel, unsere Heimat.

Wisse: Dieser innere Schatz bleibt *dem* verborgen, der ihn nicht heben möchte. Gehoben werden kann er nur durch die Erfüllung der göttlichen Gesetze; denn der Schatz ist das göttliche Gesetz.

Jedes Geistwesen ist die Ganzheit selbst. Der geistige Leib besteht aus Urstoff, aus komprimierter geistiger Energie. Er ist feinstofflich und schwerelos. Der gesamte geistige Leib enthält in kompakter Strahlung – also als geistige Essenz – die gesamte Unendlichkeit.

Das ist das größte Geschenk des Vater-Mutter-Gottes, des göttlichen Gesetzes, das Erbe an Seine Kinder. Daher sind wir alle, jeder Einzelne, Erben der ganzen Unendlichkeit. Sie gehört uns genauso wie unserem himmlischen Vater. Die gesamte kosmische Strahlung, das Erbe, ist in uns – und somit auch in dir, weil dein geistiger Leib Urstoff aus Gott ist und in ihm als Essenz die ganze Strahlung der Unendlichkeit wirkt.

Jedes reine Geistwesen kennt jeden Strahl der Gesamtstrahlung und kann ihn in gesetzmäßiger Weise anwenden. Auch jeder Mensch, dessen Seele weitgehend im Bewusstsein Gottes lebt, kennt das ewige Gesetz und wird sich entsprechend verhalten. Menschen, die weitgehend im Gesetz Gottes stehen, üben Toleranz, Verständnis und selbstlose Liebe denen gegenüber, die noch mit ihren Wirkungen ringen.

Menschen im Geiste Gottes haben innere Größe, denn sie stehen in Gottes Gesetz. Sie kennen auf jede Frage die gesetzmäßige Antwort und die gesetzmäßige Lösung in allen Schwierigkeiten und Problemen sowie in allen Dingen und Geschehnissen.

Kommen wir noch einmal auf die *Tagesenergie*, deinen guten Freund, zurück. Jeder Mensch wird also an jedem Tag anders geführt oder gesteuert – entsprechend der Reife seiner Seele.

Auch die Lehrer stehen unter der Einwirkung der Kräfte des Tages. Wenn der Lehrer unterrichtet, dann werte den Lehrstoff nicht danach, ob er dich interessiert, was du heute hören oder nicht hören möchtest. Urteile auch nicht über deinen Lehrer, wenn er heute nicht so frei und strahlend ist, wie er eventuell am Tag vorher war.

Sei still, so, wie dein Göttliches in dir still ist. Nimm das Gesagte auf, und sei bereit, die gesetzmäßige Antwort in dir zu erfahren.

Hierzu will ich, deine Schwester Liobani, dir einen Hinweis geben: Folge aufmerksam dem Unterricht, denn du weißt heute noch nicht, ob du nicht schon morgen einiges davon brauchst! Du, der Mensch, weiß es nicht – jedoch dein göttliches Bewusstsein weiß es.

Übe dich also, hinzuhören, was gesagt wird, auch dann, wenn es dich nicht so sehr interessiert. Das, was du für die Zukunft brauchst, kannst du dann in den drei Speichern in dir einlagern: in deinem *Oberbewusstsein*, in deinem *Unterbewusstsein* – also im Gehirn – und in den *Seelenhüllen*, in den Partikeln deiner Seele. Sind diese Speicher mit Daten gefüllt, dann kannst du sie jetzt und in Zukunft gesetzmäßig anwenden – und dein geistiges Bewusstsein kann dir die Antwort und Lösung auf alles, was von außen auf dich zukommt, zuspiegeln.

Dein geistiges Bewusstsein gibt dir dann Hilfen mannigfacher Art. Wichtig dabei sind auch deine Erbanlagen, denn auch auf sie wirkt das Geistbewusstsein ein! Dort sind deine speziellen Fähigkeiten, Qualitäten und Talente gespeichert.

Das Göttliche in dir ist immer darauf bedacht, dass es dir wohl ergeht. Lasse also den Lehrstoff in dich hineinströmen. Nimm ihn an – und dein göttliches Bewusstsein nimmt ihn sodann in die drei Speicher auf, in dein Gehirn, in dein Unterbewusstsein und in die Partikel der Seele, um dir morgen oder in Zukunft das zuzuspiegeln, was gesetzmäßig ist, was du gesetzmäßig denken, sprechen und tun sollst.

Wie du soeben gehört hast, ist dein erschlossenes geistiges Bewusstsein auch mit deinen Erbanlagen verbunden, in denen deine Fähigkeiten, Qualitäten und Talente liegen. Zu deinem besseren Verständnis erkläre ich dir:

Eine *Fähigkeit* ist das Geschick, etwas ausführen zu können. *Qualität* bedeutet: Das, was du ausführst, ist Qualitätsarbeit. *Talente* sind Begabungen, die du mitgebracht hast, die du selbst oder mit anderen entwickelst und mit denen du gestaltest.

Dein göttliches Bewusstsein wird auch aus dem Unterricht, aus dem Lehrstoff, *das* entnehmen und im

Ober- und Unterbewusstsein und auch in deiner Seele speichern, was du in Zukunft für deinen Beruf benötigst und wissen musst. Es hilft dir auch bei deiner Berufswahl, weil es deine Fähigkeiten, Qualitäten und Talente kennt und diese berücksichtigt.

Wenn du aufmerksam bist und dich am Unterricht beteiligst, dann wirst du auf die Fragen deines Lehrers aus deinem Inneren die richtige Antwort erhalten, weil das Göttliche in dir, dem verständnisvollen, toleranten, selbstlosen Kind Gottes, die Antwort und die Lösung übermittelt. Beachte jedoch: Um in dir, im Göttlichen, leben zu können und aus dem reinen Sein, dem Göttlichen, zu schöpfen und zu empfangen, musst du erst selbst weitgehend rein sein! Daher beachte folgende Worte:

Nur dem Reinen dient das Reine.

Dem Unreinen dient das Seine, das Unreine.

Wer auf die äußeren Dinge bezogen und nur auf *sein* Wohl bedacht ist, der kann von gegensätzlichen Energiefeldern oder sogar von Seelen benützt werden, die dann durch ihn wirken und leben. Dann ist ein solcher Mensch in vielen Situationen nicht mehr er selbst, sondern er wird gesteuert und wird gelebt.

Deshalb übe dich in der Selbsterkenntnis und bemühe dich, deine niedere Natur, das noch Menschliche, nicht zu hoch zu bewerten und nicht zu pflegen.

Bereinige, was du an dir selbst an Menschlichem, an Ichbezogenem, erkannt hast! Bitte im Gebet Christus um Seinen Beistand und um Seine Hilfe, damit du die Kraft erlangst, Ihm das zu übergeben, was dir an Ungesetzmäßigem bewusst ist – und dass du auch vergeben und um Vergebung bitten kannst und die Kraft erlangst, diese Fehler nicht mehr zu tun.

Merke dir: Dem Reinen dient das Reine. Dem Unreinen das Seine, das, was er ist.

Der Mensch ist so, wie seine Gedanken, seine Worte und seine Handlungen sind. Sie sagen, wie der Mensch wirklich ist. Wenn ich von menschlichen Gedanken, Worten und Handlungen spreche, so meine ich das, was in den Gedanken, in den Worten und in den Handlungen schwingt. Das ist der Mensch. Das also bist du.

Du hast gehört: Der Mensch trägt in sich einen unvergänglichen Schatz. Er ist also reicher, als er je zu erfassen vermag. Das hat nichts mit dem äußeren Reichtum zu tun, sondern mit dem geistigen Erbe, von dem ich gesprochen habe, dem Reichtum der Seele.

Wer allein im Äußeren reich ist, der kann noch sehr arm in seinem Inneren sein — wenn er seinen Reichtum für sich behält und ihn nur für sich zu vermehren trachtet. Menschen, die also allein im Äußeren reich sind, haben die Siegel zum Inneren Leben noch nicht geöffnet und sind daher noch nicht in ihr Inneres eingekehrt.

Viele Menschen glauben, der Reichtum an Geld und Gütern sei das wahre Leben. Das ist eine Täuschung durch die Sinne! Der wahre Reichtum ist der *innere*

Schatz – er ist das erschlossene geistige Bewusstsein. Die Menschen nennen es auch den »Stein der Weisen«, der in vielen Facetten in das Ober- und Unterbewusstsein des Menschen leuchtet. Er vermag den Menschen zu führen und ihm alles zu schenken und zu übermitteln, was er benötigt, und darüber hinaus.

Wer nur Geld und Gut hortet, sie als sein Eigentum betrachtet und darauf bedacht ist, sie für sich selbst zu vermehren, der lebt noch nicht in der Fülle aus Gott. Solche Menschen sind so lange im Inneren arm, wie sie von ihrem menschlichen Ich geprägt sind – und bis sie erkennen, dass der äußere Reichtum eine Gabe Gottes für all jene ist, die dem inneren Reich zustreben und das göttliche Gesetz »Bete und arbeite« befolgen.

Wisse: Der Reiche erhielt den äußeren Reichtum dafür, dass er ihn teilt mit jenen, die dem inneren Reich zustreben und damit wieder eine Basis schaffen für die Nachkommenden.

Jeder Mensch soll nach dem Gesetz Gottes leben. Wer dem inneren Leben, dem Gesetz Gottes, zustrebt, der wird durch die Verwirklichung der ewigen Gesetze auch den inneren Schatz heben, den Schatz der Weisen. Wer jedoch die Gaben Gottes für sich behält, der wird in einem der nächsten Erdenleben darben, um zu spüren, was es bedeutet, im Erdenkleid arm zu sein.

Das heißt nicht, dass der Reiche sein Geld und Gut an jedermann verschenken soll, sondern es soll zum

Wohle derer eingesetzt werden, die sich bemühen, Gottes Willen zu tun. Das Reich Gottes, das Reich der Liebe und des Friedens, soll zu allen Menschen kommen, die guten Willens sind. Dazu hat Gott den Menschen das Gebot »Bete und arbeite« gegeben.

Wer sich bemüht, im Alltag die Gesetze Gottes zu halten, wer sich bemüht, mit seiner Arbeit Gott wohlgefällig zu sein, wer seine Mitmenschen nicht ausnützt und ausbeutet, sondern auch die positiven Kräfte in seinem Nächsten als einen geistigen Teil seines eigenen Bewusstseins sieht und anerkennt, der erfüllt das Gesetz »Bete und arbeite« – er ist dadurch *für* seinen Nächsten und nicht gegen ihn.

Ein solcher Mensch wird sein Geld und Gut selbstlos für das Wohl vieler einsetzen, ohne davon zu profitieren. Solche Menschen sind im Inneren reich. Sie leben in großen Gedanken und haben auch große Gedanken. Große Gedanken sind selbstlose, nicht auf das kleine Ich bezogene Gedanken. Es sind Gedanken für das Gemeinwohl, für alle Menschen, die guten Willens sind.

Die innere Freiheit des unpersönlichen Lebens – Dienern und dienen – Das »Tümpelgesetz« des ichbezogenen Menschen – Persönliches und unpersönliches Sprechen

Erkenne: Der Mensch sollte keinen Menschen bewundern und ihn für besser halten – auch dann nicht, wenn dieser sehr reich und sehr angesehen ist. Erweise nur Gott die Ehre – und nicht einem Menschen. Der Mensch sollte auch keinem Menschen gegenüber dienern, sondern Gott und den Menschen dienen.

Dienern heißt, sich vor einem Menschen beugen, um von ihm Anerkennung und Lohn zu erhalten. Wisse: Du brauchst nicht zu dienern; denn gewissenhafte Arbeit ist ihren Lohn wert.

Der Mensch soll seinen Nächsten schätzen und achten und sich ihm gegenüber positiv einstellen, er soll seinen Mitmenschen nicht beschimpfen und abwerten, ihn auch nicht bewerten, sondern ihm selbstlos *dienen*! Er soll ihm jedoch nicht die Ehre erweisen und sich nicht vor ihm beugen; das gebührt Gott allein!

Du sollst vor keinem Menschen dienern, heißt auch: Du sollst ihm nicht nach dem Munde sprechen, nämlich ihm recht geben, obwohl du anders empfindest und denkst – und letztlich weißt, dass seine Gedanken und sein Verhalten gegen das Gesetz Gottes und gegen das Gebot gegenseitiger Achtung sind. Das wäre dann Dienern und Heuchelei.

Gott die Ehre erweisen heißt: Sich zu bemühen, Gottes Willen zu tun.

Lebe in großen Gedanken: Bemühe dich, ehrlich und offen deinen Mitmenschen gegenüber zu sein; jedoch sage nicht alles heraus, was du denkst! Prüfe zuerst deine Gedanken, ob sie ehrlich sind und gottgewollt.

Sind es große, also gütige, selbstlose und verbindende Gedanken, dann formuliere sie so, dass du deinen Nächsten damit nicht überforderst und er sich nicht gar erregt und ärgert, weil er dich missverstanden hat. Achte darauf, dass du deinem Nächsten eine Antwort gibst, die ihn zum Nachdenken anregt.

Wenn du unpersönlich gesprochen hast, das heißt die Antwort und Lösung aus dem schon lichten Teil deines Bewusstseins geschöpft hast, und dein Nächster erregt sich dennoch, dann hast du dich nicht belastet. Du hast eine schon aktive Entsprechung angeregt, die ihn unter Umständen später zum Nachdenken bringt. Hast du jedoch aus deinem Ich heraus gesprochen und das Unpersönliche nur vorgetäuscht, dann hast du deine Seele belastet.

Du merkst rasch, ob du die Antwort und Lösung von innen, aus deinem lichten Bewusstsein, empfangen hast oder aus deinem Menschen, dem Oberbewusstsein: Wenn du nur einen Anflug von Abwertung deinem Nächsten gegenüber in dir hast oder menschliche Regungen wie z.B. Neid oder Verurteilung, dann kommt die Antwort und Lösung nicht aus deinem reifen Inneren, sondern aus dem Intellekt, deinem Gehirn – oder teils von innen und teils von außen. Es ist dann eine Mischantwort oder Mischlösung. Das heißt, es ist nicht alles aus dem schon lichten Teil deines Bewusstseins geschöpft.

Wenn du oft so handelst, dass du einen Teil der Antwort und Lösung von innen empfängst und diese mit deinem Menschlichen vermischst, dann wird das Innere allmählich schweigen. Das heißt: Du kannst die Antworten und die Lösungen nicht mehr aus dem lichten Teil deines Bewusstseins empfangen, weil deine Ichkomponenten – das Menschliche, das, was du hast mit einfließen lassen – den Teil deines leuchtenden Bewusstseins, der dein gesetzmäßiger Helfer und Ratgeber ist, allmählich überlagert haben.

Wenn du in diesem Zwiespalt lebst, dann sage nicht: Das ist die rechte Antwort und Lösung. Prüfe zuerst dein Verhalten gegenüber deinem Nächsten!

Du hast gelesen: Dem Reinen dient das Reine. Das Reine in dir ist das Göttliche, ist das ewige Gesetz, Gott. Nur wer seine Seele weitgehend durchlichtet hat, empfängt das Reine.

Je mehr sich das göttliche Bewusstsein in dir auftut, also erweitert, um so mehr Lichtkräfte und göttliche Informationen strömen dir zu.

Die Antwort und die Lösung aus dem durchstrahlten Teil deines Bewusstseins ist nicht nur der Innere Helfer und Ratgeber für deinen Nächsten, sondern gibt auch dir für dein Leben, für dein Wirken und Denken Tag für Tag die gesetzmäßigen Informationen. Was aus deinem leuchtenden Bewusstsein dir zustrahlt, ist *unpersönlich* – jede Information für dein Leben, die Antwort und Lösung für deinen Nächsten oder die Frage an deinen Nächsten. Es ist das unpersönliche Leben, das dir antwortet.

Das unpersönliche Leben teilt sich *der* Seele und *dem* Menschen mit, die sich bemühen, unpersönlich zu leben – das heißt: dem Nächsten nicht persönlich zu begegnen, indem du z.B. denkst oder sagst: »Du bist böse, du bist unqualifiziert, du bist träge, du bist ein schlechter Mensch, du bist falsch, du bist ein Lügner« und dergleichen. All das ist persönlich, also menschlich.

Du bist unpersönlich, wenn du deinen Nächsten als Kind Gottes achtest und schätzt, ihn nicht verurteilst und richtest, sondern in ihm das Gute suchst und findest und dies bejahst.

Das heißt nicht, dass du seine Fehler und Schwächen unbeachtet lassen sollst. Dem unpersönlichen Menschen ist es aus seinem lichten Bewusstsein heraus möglich, die Fehler des Nächsten unpersönlich anzusprechen. Das heißt: ihn ohne Erregung und Beimischung seines menschlichen Ichs auf Fehler aufmerksam zu machen.

Wenn du jedoch das Menschliche deines Nächsten gutheißt und ihm nach dem Munde sprichst, obwohl du erkennst, dass es nicht der Ordnung entspricht, und du dies nur tust, um von ihm gelobt zu werden, dann bist du persönlich und wirst dich belasten.

Persönlich und ichbezogen ist auch *der* Mensch, der schweigt, wenn sein Nächster ungerecht behandelt und verurteilt wird. Wer das erkennt und dennoch schweigt, macht sich schuldig – weil er durch sein Schweigen dem Unrecht zustimmt. Auch Schweigen, um sich nicht unbeliebt zu machen, ist, wie vieles andere, persönlich: Der Mensch will sein Ich wahren und nicht für seinen Nächsten einstehen. Wenn du also erkennst, dass Unrecht geschieht, und du schweigst, machst du dich mitschuldig.

Mache dir noch einmal bewusst: Alles, was aus Gott, aus dem lichten, dem erschlossenen Teil deines Bewusstseins kommt, ist unpersönlich. Das Unpersönliche zwingt nicht den Menschen, das oder jenes zu tun. Es klärt nur auf und erklärt. Deshalb heißt das, was ich dir aus Gottes Geist offenbare: Ich erkläre – machst Du mit?

Das Unpersönliche legt dir keine *Ver*bote auf, sondern es gibt *Ge*bote. Gott hat allen Seinen Kindern den freien Willen gegeben. Deshalb gibt der Ewige *Ge*bote, damit Seine Kinder, die sich außerhalb des ewigen Gesetzes begeben haben, wieder zurückfinden. *Wann* sie wieder im Lichte der Freiheit des kosmischen Seins leben werden, das bestimmt jeder Einzelne selbst.

Wer Gottes Gesetz nicht hält, der schafft sein eigenes Gesetz. Es sind seine menschlichen Gedanken und Wünsche. Alles, was der Mensch aus dem Persönlichen heraus tut, aus seinem Ich, ist gegen Gott und gegen das ewige Gesetz der Freiheit. Damit bindet sich der Mensch an seine eigenen Gedanken, Vorstellungen und Wünsche, die er damit bejaht und die wiederum auf ihn Einfluss nehmen. In diesem, von ihm selbst geschaffenen Gesetz, lebt er – und dieses wirkt wiederum auf ihn ein.

Wir können dieses Ichgesetz, das »persönliche Gesetz«, auch das »*Tümpelgesetz*« nennen. Es ist das Gesetz von Ursache und Wirkung: Was der Mensch sät, das erntet er.

In diesem Tümpelgesetz sammeln sich die sogenannten Gedankenbakterien. Sie bringen Krankheit, Schicksalsschläge und bringen das wieder, was der Mensch ausgesät hat, z.B. Hass, Neid und Feindschaft. Wenn der Mensch gehässig ist, dann sät er Hass; wenn er seinem Nächsten Hab und Gut neidet, sät er Neid; wenn er mit seinem Nächsten in Unfrieden lebt, sät er Feindschaft – entsprechend wird er wieder ernten. Daraus können unter Umständen Kriege entstehen.

Das alles ist das sogenannte Tümpelgesetz, das Gesetz von Ursache und Wirkung: Der Mensch hat sich mit seinen eigenen negativen Gedanken und seinen drängenden, unerfüllbaren Wünschen eingesponnen. Sie wirken auf ihn ein und bewirken in ihm das, was er ausgesät hat.

Mit Hass, Neid, Feindschaft und dergleichen vergeudet der Mensch seine Lebensenergie. Dadurch werden die Organe schwächer. Sodann werden die Ursachen wirksam, als Krankheit im Körper oder als Schicksalsschläge – entsprechend dem, was der Mensch gesät hat. Es ist sein eigenes, von ihm selbst geschaffenes Gesetz, das auf ihn einwirkt.

Ein Mensch lebt so lange in seinen Denk- und Wunschbahnen, die *sein* Gesetz sind, bis er die Gebote Gottes annimmt und verwirklicht. Dann findet er den Weg heraus aus seinem Tümpelgesetz, aus Not, Leid, Einengung, Trübsal, aus seinen Denk- und Wunschbahnen, hin in die kosmische Freiheit des Lebens.

Du kannst also die Gebote halten oder auch nicht. Du hast den freien Willen zur freien Entscheidung: für das ewige Gesetz der Freiheit oder für dein eigenes Gesetz.

Das Gesetz der Freiheit schenkt Unabhängigkeit, Schönheit, Kraft, Liebe, Wärme, Frieden und ewiges Leben in Gott. Dein eigenes Gesetz bringt dir das, was du dir selbst eingegeben hast.

Das unpersönliche Leben ist also das Leben nach den Gesetzen der Liebe und Freiheit Gottes. Das Unpersönliche respektiert den freien Willen des Nächsten. Wohlgemerkt: Es *respektiert* den Willen des Menschen – es bejaht ihn nicht, falls er gegen das göttliche Gesetz ist. Alles, was aus Gott ist, ist absolute Freiheit. Weil Gott den freien Willen Seinen Kindern als Erbe gab, respektiert Er, was Seine Menschenkinder tun – doch Er bestärkt nicht ihr ungesetzmäßiges Verhalten.

Nun stelle ich dir die Frage: Was willst du?

Möchtest du die innere Freiheit? Dann erfülle die Gebote und werde unpersönlich!

Willst du dein kleines Ich aufbauen? Dann schaffst du dein eigenes Tümpelgesetz, und du lebst in diesem Tümpel ein Tümpelleben. Dann wirken die Gedanken-bakterien und Gedankenviren auf dich ein: das, was du gesät hast.

Wenn du die Gebote beachtest, wirst du allmählich unpersönlich und schöpfst immer mehr aus der inneren Quelle, dem sich erweiternden göttlichen Bewusstsein in dir. Du bist dann frei, kraftvoll, tatkräftig und somit unpersönlich und wirst unmittelbar von dem ewigen Gesetz Gott geführt – und nicht von deinem Tümpel-gesetz gesteuert!

Dann ist es dir möglich, in der Schule klar und kon-zentriert dem Unterricht zu folgen, und du wirst auf Fragen von deinem Inneren Helfer und Ratgeber die Antwort erhalten, die du dann aussprechen kannst.

Der *Innere Helfer und Ratgeber* ist das lichte Be-wusstsein in dir. Du hast ihn von den Schleiern deines menschlichen Ichs befreit. Er steht dir nun bei deinen Schulaufgaben und Prüfungen zur Seite. Er hilft dir auch, den richtigen Beruf zu wählen und in deinem Beruf so weit Erfolg zu haben, wie es gut ist für das Allgemeinwohl, für deine Nächsten. Er hilft dir außerdem, an deinem Arbeitsplatz das Tagespensum zu erfüllen – sogar mehr als dieses.

Dein Innerer Helfer und Ratgeber bewirkt durch dich, dass du unpersönliche Gespräche und Verhandlungen zu führen vermagst, Er hilft dir auch, Briefe zu verfassen.

Das Unpersönliche, das lichte Bewusstsein, ist das Göttliche in dir. Du bist Gottes Kind, das aus dem reinen, ewigen Sein kommt und aus der ewigen Wahrheit, der Quelle des Lebens, schöpft.

Du hast nun erkannt, dass das ewige Licht in dir wohnt. Wenn du dich dem ewigen Licht zuwendest und verwirklichst, was ich aus den verschiedenen Facetten der Wahrheit beleuchtet habe, dann lebst du bewusst in Gott.

Dein wahres Sein ist der reine, feinstoffliche Körper, der in deinem irdischen Leib wohnt und wirkt. Er ist kosmisch. Je mehr Lichtintensität dein Bewusstsein, dein geistiger Leib, auszustrahlen vermag, weil sich die Schleier deines Ichs gelöst haben, desto präziser und allumfassender sind die Informationen von innen.

Bist du also geistig so weit gereift, dass dein Göttliches dich zu führen vermag, dann wird es dir auch bei Prüfungen und bei der Erfüllung deiner Aufgaben beistehen können.

So mancher Mensch könnte nun denken: »Wunderbar, dann brauche ich nichts mehr zu lernen und auch nicht mehr zu arbeiten. Ich reinige meine Seele – dann habe ich auf alles die richtige Antwort und eine gute Lösung. Damit kann ich mein Brot verdienen.«

So einfach ist das nicht! Zum einen wäre eine solche Einstellung menschlich und somit gegen das göttliche Gesetz. Und zum anderen gab Gott den Menschen das Gebot »Bete und arbeite«.

Wisse: Wer sich aus dem Gesetz Gottes hinausbegibt, der soll mit seiner Hände Arbeit sein Brot verdienen – mit seinem Gesetz, das er selbst geschaffen hat, aus dem auch die Materie, die Verdichtung, hervorging. Die Verdichtung, die Materie, entstand durch das Gesetz, das sich die Fallwesen selbst geschaffen haben: das Gesetz von Ursache und Wirkung. Alle verdichteten Formen entstanden durch den Fall, weil Wesen gegen Gottes Gesetze waren.

Intellekt und Intelligenz – Der Verstand als Instrument der göttlichen Intelligenz – Begrenzte Aufnahmefähigkeit des menschlichen Gehirns – Eingeengtes Bewusstsein des Verstandesmenschen

Ich will dir nun ganz kurz erklären, wie der menschliche Körper entstanden ist:

Vor sehr langer Zeit, als die Erde noch teilmateriell war, wurde sie von Wesen bewohnt, die gegen Gott waren. Sie verdichteten sich wegen ihres Verhaltens immer mehr, so wie auch die Erde immer gröber, also grobstofflicher, wurde – bis sie Materie, also voll verdichtet, war.

Das geschah, weil diese Wesen immer mehr gegensätzlich *empfanden,* dann später gegensätzlich *dachten* und im Laufe ihrer Verdichtung auf der Erde auch gegensätzlich *handelten.*

Die Verdichtung ihres geistigen Leibes begann vom Haupt her: Dort wurde zuerst ein geistiger Partikel zu einer Zelle, also in eine Gehirnzelle, umgewandelt. Aus dieser entstanden durch Zellteilung weitere Zellen, die dann allmählich den menschlichen Körper, die Hülle des geistigen Leibes, bildeten. Die Gehirnzellen nahmen das gegensätzliche Programm auf: die Empfindungen, gegen Gott und für das eigene Ich zu wirken.

Wisse also: Der menschliche Körper entstand über den Kopf, über die sich allmählich bildende Gehirnmasse, die Gehirnzellen. Vom Haupt aus begann die Verdichtung, und vom Haupt aus entstand das erste Programm für den menschlichen Leib. Dieser Umwandlungsprozess dauerte sehr, sehr lange. Ich habe ihn dir nur mit knappen Sätzen skizziert. Es ist nicht so wichtig, das zu wissen.

Wesentlich ist, dass du dich auf Gott ausrichtest und deine Seele mit der Kraft Christi durchlichtest, damit du wieder göttlich wirst.

Erkenne: Was zur Zeit der Menschwerdung geschah, geschieht ähnlich auch heute noch: Der Mensch gibt in sein *Gehirn* seine Vorstellungen und Meinungen, also seine menschlichen Programme, ein – aber auch seine geistigen, gesetzmäßigen Programme. Alle Programme gehen dann in das *Unterbewusste* und auch in die geistigen *Partikel* der Seele ein, von denen sie wieder ausstrahlen und die *Seelenhüllen* bilden. Die Speicherungen im Gehirn nennt der Mensch auch den *Verstand* oder den *Intellekt*.

Viele Menschen glauben, wenn sie viel Wissen gespeichert haben, dann seien sie intelligent. Gewiss haben sie einen entsprechend geprägten Intellekt, jedoch nicht die wahre Intelligenz! Die *Intelligenz* ist die Weisheit Gottes, ist das Leben des Alls, weil Gott das Allbewusstsein ist.

Die Intelligenz, Gott, möchte mit den gereinigten, auf Ihn ausgerichteten Gehirnzellen in Kommunikation treten, also mit ihnen zusammenwirken. Dann dient der Verstand – die Gehirnzellen also – als Instrument, durch das sich Gott in dieser Welt offenbart und in dieser Welt wirkt.

Wenn also das menschliche Gehirn, der Verstand des Menschen, auf Gott ausgerichtet ist und die Gehirnzellen die Gesetzmäßigkeiten gespeichert haben, dann ist der Mensch intelligent, weil sein Verstand der göttlichen Intelligenz dient. Dadurch wird der Mensch zum Instrument des göttlichen Gesetzes auf dieser Erde.

Wisse: Menschen mit einem »gesunden Menschenverstand« sind Menschen, die ihr Denken und Tun in den Dienst der kosmischen Intelligenz gestellt haben. Sie sind echte Diener und Helfer der Menschheit. Sie sind die kosmisch intelligenten Menschen. Sie schöpfen und geben aus ihrem erschlossenen Bewusstsein.

Will Gott in dieser Welt wirken, dann braucht Er Menschen, die ihr Denken und Leben auf Ihn ausrichten. Dazu sollte der Mensch die göttlichen Gesetze kennen und in seiner Gehirnmasse speichern. Dann kann er nach den göttlichen Gesetzen arbeiten, da seine Fähigkeiten und Talente, die in seinen Genen liegen, aktiv werden.

Dann ist er ein Instrument der kosmischen Intelligenz. Das bedeutet: Sein Leben und Wirken ist zum Gebet geworden. Der Mensch arbeitet in der Welt nach den kosmischen Gesetzen. Er denkt, spricht und arbeitet kosmisch – das heißt, sein Leben verläuft nach den ewigen Gesetzen, nach dem Gebot »Bete und arbeite«.

Ein intellektueller Mensch ist meistens auf sich bezogen; ein intelligenter Mensch hat mehr Geistkraft, weil er aus der Intelligenz, Gott, empfängt.

Zu deinem besseren Verständnis wiederhole ich: *Intellektuell* ist der Mensch, wenn er nur Wissen anhäuft, dieses in Verbindung mit seinem menschlichen Ich anbietet und in den Dienst für sich selbst stellt, um daraus die für ihn nötigen Mittel und auch Titel zu erhalten. Er hat seine Gehirnmasse nicht auf das göttliche Gesetz ausgerichtet und dient somit nicht der göttlichen Intelligenz, der göttlichen Weisheit. Der Intellektuelle ist darauf bedacht, dass ihm Ehre und Preis zuteil werden.

Der auf Gott ausgerichtete Mensch, der *Intelligente*, erweist der ewigen Intelligenz Ehre, Lob und Preis, denn er weiß, dass seine Kraft und seine Weisheit aus der ewigen Intelligenz, aus Gott, kommen.

Wer seine Gehirnzellen, seinen Verstand, mit Wissen allein programmiert, der kann nur ein Intellektueller werden. Intellektuelle Menschen sind oftmals sehr begrenzt, weil die Gehirnzellen des Menschen nur eine begrenzte Aufnahmefähigkeit für menschliches Wissen haben. Der Intellektuelle kann nur geben, was er an Verstandeswissen selbst gespeichert hat. Das Gehirn jedoch ist darüber hinaus für die Aufnahme von sehr viel mehr Informationen angelegt.

Du hast richtig gelesen: für sehr viel mehr Informationen! Damit meine ich: für die Informationen des selbstlosen, Inneren Helfers und Ratgebers, für die Informationen deines göttlichen Bewusstseins, der göttlichen Intelligenz in dir.

Der nach außen gerichtete Mensch kann nur einen geringen Teil seiner Gehirnzellen aktivieren, weil er für sein intellektuelles, ichbezogenes Leben sehr viel eigene Körperenergie abgibt. Dabei wird seine Gehirnmasse überstrapaziert. Deswegen ist er nur begrenzt aufnahmefähig und registriert nur das, was seine Sinne aufzunehmen vermögen.

Wer nämlich nur auf seine Körperenergie baut und nur diese zu nutzen vermag, weil er nicht nach der göttlichen Intelligenz strebt, dessen Gehirn ist sehr schnell müde. Wie von selbst beschränkt sich der Mensch sodann auf Bereiche des Diesseitswissens.

Du hast sicher selbst schon erfahren: Wenn du sehr, sehr müde bist, kannst du z.B. noch lesen; doch früher oder später kommt der Zeitpunkt, an dem du plötzlich merkst: Du hast gelesen, doch du weißt nicht mehr, *was* du gelesen hast! Das bedeutet: Deine Körperenergie gab dir zwar noch die Kraft zum Lesen – doch dein Gehirn konnte nicht mehr registrieren, was du gelesen hast.

Das gleiche kannst du beim Hören, Riechen, Schmecken und Betasten erkennen. Du hörst wohl noch und weißt trotzdem nicht mehr, was du gehört hast. Du ahnst nur noch, was gesprochen wurde; doch du kannst es nicht mehr wiedergeben. Das bedeutet, dass deine Gehirnzellen nichts mehr speichern konnten. Du kannst deshalb diesbezüglich auch nichts aus ihnen abrufen. Auch darüber, was du gerochen und geschmeckt hast, kannst du keine Auskunft geben, weil dein Gehirn nicht mehr in der Lage ist, Geruch und Geschmack zu speichern.

Du kannst also sehen, hören, riechen, schmecken und tasten, ohne dass es dir bewusst wird. Entsprechend wenig wird dein Gehirn speichern.

Wenn du jedoch wach bist und deine fünf Sinne bewusst gebrauchst, dann wird auch dein Gehirn vieles davon speichern. Denn die Gedanken, die du dir beim Sehen, Hören, Riechen, Schmecken und Betasten machst, gehen sodann in dein Gehirn als Speicherung ein.

Deine Gedanken können nur von aktiven Gehirnzellen aufgenommen werden, nicht von inaktiven. Der Mensch kann also nur abrufen, was er auch gespeichert hat.

Ich wiederhole: Hat dir der Körper zum Sehen, Hören, Riechen, Schmecken und Betasten nur noch Restenergien gegeben und war das Gehirn zu müde, um aufzunehmen, was die Sinne registriert haben, dann wurde das von den Sinnen Erfasste nur noch teilweise oder gar nicht gespeichert. Das heißt: Wenn du nur mit deinem Verstand arbeitest, dann wirst du wohl viel erleben und erfahren, doch dein Gehirn kann nur begrenzt Informationen speichern, weil der Körper rasch ermüdet.

Menschen, die nur in der Welt leben und ihr Innenleben, ihr Göttliches, nicht entwickeln, speichern in ihren Gehirnzellen Wesentliches und Unwesentliches. Auch dadurch überlasten sie sehr rasch ihre Gehirnzellen. Außerdem ist das Potential der für die Aufnahme des menschlichen Wissens vorgegebenen Teile der Gehirnmasse begrenzt. Das heißt, diese Zellen sind unter Umständen sehr rasch mit Wesentlichem und Unwesentlichem programmiert und gefüllt.

Wer sich also nur auf Diesseitswissen beschränkt, der hat nur einen engen Horizont und kann im Gehirn viel weniger speichern als der Intelligente. Hat der Mensch seine Gehirnkapazität ausgeschöpft, das heißt, ist das Gehirn mit Diesseitswissen gefüllt, dann glaubt der Mensch, weise zu sein. Menschen, die sich nur einseitig orientieren, das heißt in ihr Gehirn nur Menschliches, also Diesseitswissen, gespeichert haben, sind keine Weisen, sondern Intellektuelle – denn Verstandeswissen ist noch keine Weisheit. Deswegen nennt man sie auch Verstandesmenschen.

Daher hörst du des öfteren aus dem Geiste Gottes: Die Intellektuellen, die Verstandesmenschen, sind sehr begrenzt. Das heißt, ihr göttliches Bewusstsein ist eingeengt, da sie es nicht gebrauchen, sondern nur ihr Verstandeswissen.

Die Ärzte und Wissenschaftler dieser Welt haben erkannt, dass die Gehirnmasse viel mehr speichern könnte. Sie nennen den Teil des Gehirns, der bei vielen latent liegt, die »ungenutzten grauen Zellen«.

Dazu erkläre ich: Ein großer Teil der Gehirnmasse, also der Gehirnzellen, ist ausschließlich für die Kommunikation mit dem Göttlichen, der ewigen Intelligenz, bestimmt. Dieser Teil der Gehirnmasse kann durch unser menschliches Denken, Reden und Handeln nicht belichtet, also gefüllt werden.

Wer seine Gehirnmasse beleben und viele Gehirnzellen erwecken möchte, der muss sich zuerst bemühen, die göttlichen Gesetze zu erkennen und sie dann auch verwirklichen. Dann setzt allmählich die Kommunikation zwischen dem erschlossenen göttlichen Bewusstsein und den auf die ewige Intelligenz ausgerichteten Gehirnzellen ein, die, vom Menschlichen her gesehen, nicht programmierbar sind. Denn dieser große Teil der Gehirnmasse ist für die göttliche Intelligenz vorgesehen und nicht für den Intellekt.

Wer die göttlichen Gesetze verwirklicht, erlangt Herzensbildung. Er lebt in großen Gedanken. Er achtet und schätzt seine Mitmenschen, hat Verständnis für sie, ist ihnen gegenüber tolerant und gewogen.

Menschen des Geistes werden sich nicht für Menschliches hergeben, das gegen das göttliche Gesetz verstößt.

Menschen mit großen Gedanken urteilen und verurteilen nicht. Sie lassen ihren Mitmenschen den freien Willen. Sie bemühen sich, Gottes Willen zu erfüllen, trotz allen Unverständnisses, das ihnen vielfach entgegengebracht wird.

Wer sich bemüht, in großen Gedanken zu leben, der kann auch seine Gedanken ordnen, seine Rede zügeln und seine Sinne beherrschen. Diese Haltung ermöglicht es ihm, sich auf eine Sache ganz zu konzentrieren und auch schon als junger Mensch dem Unterricht zu folgen. Solche Menschen sind nicht zerstreut, weil sie in großen Gedanken leben und sich nicht mit unwesentlichen, kleinen, menschlichen Ichgedanken ablenken oder ablenken lassen.

Wer in dieser Geisteshaltung lebt, der tritt mit dem Inneren Ratgeber und Helfer in Kontakt, mit der göttlichen Intelligenz, dem lichten Bewusstsein. Dann setzt das ein, worüber ich schon sprach: Das Bewusstsein speichert das, was z.B. der Schüler jetzt und in Zukunft aus dem Lehrstoff benötigt. Denn das Bewusstsein kennt die Seele und die Beschaffenheit der Gene des Menschen und weiß, was darin gespeichert ist und aktiv werden wird – oder was in diesem Erdendasein aktiviert werden kann.

Verständnis, Wohlwollen, Toleranz und ihre Grenzen – Bindungen aus Erwartungen – Die Geradlinigen und selbstlos Helfenden

Noch einmal möchte ich auf Verständnis, Toleranz und Wohlwollen eingehen und diese drei Aspekte, die im Kausalgesetz angewandt werden sollen, aus weiteren Facetten der göttlichen Wahrheit beleuchten:

Menschen, die sich bemühen, die Gebote Gottes zu halten, haben für ihre Mitmenschen, in welcher Situation sich diese auch befinden, Verständnis und Wohlwollen und sind allen gegenüber tolerant. Sie werden jedoch nicht mitmachen, wenn andere etwas Gesetzwidriges vorhaben oder von ihnen verlangen. Sie bleiben in den göttlichen Geboten, die aus dem Gesetz Gottes für diese Erde gegeben sind.

Verständnis haben heißt, seinen Nächsten zu verstehen und ihm auch nach dem Gesetz Gottes beizustehen und zu helfen – jedoch nicht sein Ich zu bestärken oder gar das zu tun, was er – dem göttlichen Gesetz zuwider – erzwingen möchte.

Das gleiche gilt für das *Wohlwollen*. Menschen, die Wohlwollen erwarten, wollen dabei für sich persönlich einen Vorteil für *ihr* Wohlergehen. Sie wollen das, was ihnen angenehm und nützlich erscheint. Selbst diese Erwartungen wird ein geistiger Mensch tolerieren – und er wird dem Nächsten auch so weit beistehen, wie es dem Gesetz Gottes entspricht, und auch dem Bemühen des Nächsten, durch Eigeninitiative aus einer Notlage herauszufinden.

Wer sich bemüht, Gottes Willen zu erfüllen, der wird sich nicht dem Willen eines Menschen unterordnen und tun, was dieser für sein eigenes menschliches Wohlergehen verlangt. Wer das ausführt, was der Ichbezogene von ihm will, der begibt sich auf dessen Lebensebene und Milieu und lässt sich von diesem steuern. Er wird dadurch von dem ichbezogenen Menschen abhängig und bindet sich an dessen Wunsch- und Gedankenwelt.

Abhängigkeiten gibt es auch am Arbeitsplatz. Jedoch sind hier die Gegebenheiten anders; hier geht es um die Arbeit, die Ausführung der Arbeit und das Einhalten des Zeitplanes. An seinem Arbeitsplatz soll sich jeder so verhalten, wie es von ihm durch seinen Arbeitsvertrag verlangt wird. Der Arbeitsvertrag enthält Rechte und Pflichten des Arbeitgebers und des Arbeitnehmers.

Lasse das Wort *Toleranz* auf dich wirken und nimm seine Schwingung in dir auf, so verstehst du folgendes:

Tolerieren heißt: Lehne die Einstellung deines Nächsten nicht ab, auch wenn er am Rande des Gesetzes geht oder gar im Sumpf der Materie watet. Tolerieren heißt auch: Versuche nicht, deinen Nächsten mit deinem menschlichen Ich ändern zu wollen. Kläre ihn unpersönlich über sein Fehlverhalten auf. Zwinge ihn jedoch nicht, anders zu denken und zu handeln. Jeder hat den freien Willen, sein Leben so zu gestalten, wie er es möchte – und allein er hat auch sein Leben vor Gott und sich selbst zu verantworten, aufgrund des Gesetzes von Saat und Ernte.

Tolerieren heißt nicht, dass du Gleiches oder Ähnliches tun sollst. Wenn du z.B. erkennst, dass das Verhalten deines Nächsten gegen das göttliche Gesetz ist und du tust trotz deines besseren Wissens Gleiches oder Ähnliches, dann begibst du dich in sein Milieu und bist an ihn gebunden. Erfülle menschliche Wünsche deines Nächsten nur so weit und nur dann, wenn du erkennst, dass er dadurch zur Besinnung kommt und die gleichen Fehler nicht mehr begeht.

Viele Menschen machen es sich leicht, wenn es darum geht, ihren Mitmenschen zu helfen. Oftmals erfüllen sie deren ichbezogene Wünsche und geben deren Eigenwillen nach – nur deshalb, um selbst Ruhe zu haben oder um gut dazustehen.

Sie bestärken sein Menschliches, obwohl sie erkennen, dass sie damit ihrem Nächsten entweder gar nicht oder nur für einige Zeit helfen können – bis dieser erneut die gleichen Wünsche anmeldet und wiederum erwartet, dass sein Wille erfüllt wird. Helfen hat hier mit Verständnis, Wohlwollen und Toleranz nichts zu tun!

Wer den Eigenwillen seines Nächsten stützt und ihn unterstützt, der erwartet umgekehrt, auch von ihm gestützt zu werden. Er erwartet entweder Anerkennung oder Belohnung. Dadurch lehnen sich beide aneinander an und erwarten voneinander dasselbe: dass der andere das erfüllt, was für den einen scheinbar gut und hilfreich ist. Das bedeutet, dass beide aneinander gebunden sind und sich auch vor dem Gesetz Gottes belasten. Sie bleiben durch das Gesetz von Saat und Ernte so lange aneinander gebunden, bis sie beide lösen, was sie beide durch ihr falsches Verhalten verursacht haben.

Erkenne: Wer sich an Menschen bindet, der baut auf Menschen. Wer auf Menschen baut, bleibt seinem menschlichen Ich verhaftet. Er sieht die Dinge und Geschehnisse nur noch aus *seiner* Perspektive und wird – ebenso wie der, an den er gebunden ist – vom anderen Verständnis, Wohlwollen und Toleranz erwarten.

Wer etwas erwartet, dem fehlt das, was er erwartet – und er will es sich auch nicht erarbeiten: Er erwartet, dass seine Nächsten das tun oder das bringen, was er selbst nicht entwickelt hat, was er selbst nicht besitzt.

Wer diese Erwartungshaltung seiner Mitmenschen unterstützt, indem er ihre Wünsche erfüllt, ihre Anschauungen bejaht, das heißt das tut, was sie von ihm erwarten, der fährt auf der gleichen Schiene wie der Erwartende, denn er erwartet ebenfalls.

Menschen, die stets nur ihre Erwartungen anmelden, können jene nicht verstehen und auch nicht annehmen, die ihre Erwartungshaltung nicht bejahen, ihre Meinungen nicht akzeptieren und daher auch nicht ihren Willen erfüllen. Deshalb werten sie diejenigen ab, die ihren Wünschen nicht nachgeben und ihre Meinungen nicht bestätigen, denn sie erhalten von denen, die geradlinig bleiben, keine Aufwertung – also keine Bestätigung für sich, für das, was *sie* denken, wollen oder tun.

Wer geradlinig bleibt, muss daher oft Urteile und Verurteilungen über sich ergehen lassen und dabei die Aggressionen derer erleben, die nicht erfüllt oder bestätigt bekamen, was sie erwarten. Geradlinige Menschen sind oftmals die Zielscheibe derer, die ihr Leben nicht selbst in die Hand nehmen und meistern wollen. Wer also Verständnis, Wohlwollen und Toleranz übt, jedoch nicht erfüllt, was sein Nächster an Menschlichem von ihm erwartet, der steht immer wieder unter dem negativen gedanklichen Beschuss der anderen Seite.

Wenn du also die Geradlinigkeit anstrebst, dann denke daran: Der Finsterling, der dich im Gesetz von Saat und Ernte behalten möchte, kämpft in Empfindungen und Gedanken gegen dich.

Daher hüte dich vor irgendwelchen Spekulationen und solchen Kompromissen, wie z.B. den Willen des Nächsten zu erfüllen, um Ruhe zu haben. Denkst du: »Ich werde ihm jetzt nach dem Munde reden oder seinen Willen erfüllen, damit ich meines Weges gehen kann oder damit ich Ruhe habe«, dann ist das schon der erste Schritt in die Abhängigkeit.

Wer abhängig wird oder ist, der ist beeinflussbar und kann nicht mehr klar entscheiden, wenn es um Situationen geht, die sich aus seinem Abhängigkeitsverhältnis ergeben. Solche Menschen sprechen und handeln sodann aus ihrer Abhängigkeit und klagen die Mitmenschen an, die nicht erfüllen, was sie verlangen. Sie bezichtigen diese sodann der Verständnislosigkeit, der Intoleranz und der Lieblosigkeit.

Achte auf deine Empfindungen, ob sie göttlich sind! Dies kannst du nur dann richtig ergründen, wenn du zu dir selbst ehrlich und aufrichtig bist und dich auf die Seite des ewigen Gesetzes stellst, das selbstlose Liebe, Güte und Sanftmut ist. Bemühe dich also, die Gebote zu halten, und du erlangst Festigkeit in Gott.

Wisse: Wer sich in das Gesetz der Liebe Gottes hineinbegibt durch die Verwirklichung der Liebegebote und das Ablegen des Menschlichen, der ist erfüllt von der selbstlosen Liebe. Aus der selbstlosen Liebe strömen Güte und Sanftmut. In der Welt, unter den Menschen, setzen sich Güte und Sanftmut in Geduld und Barmherzigkeit um. Und wer von Geduld und Barmherzigkeit erfüllt ist, ist aufrichtig und standfest.

Menschen, die von der selbstlosen Liebe erfüllt sind, helfen und dienen, so dass sich die Menschen, die erwarten und anklagen, darin selbst erkennen. Sie bleiben jedoch standhaft und werden nicht – wie der Mensch es ausdrückt – »mit den Wölfen heulen«, denn sie warten nicht auf Beute.

Du hast nun einiges über den tiefen Sinn der Worte Verständnis, Wohlwollen und Toleranz gehört.

Das Bewusstsein in dir, der Innere Helfer und Ratgeber – Antwort erhalten und Lösung finden, z.B. bei den Schulaufgaben – Gewissenhaftes und selbstloses Verhalten führt zu Wohlergehen

Ich, Liobani, deine Schwester aus der geistigen Heimat, werde nun meine Erklärungen fortführen über das Thema: Antwort erhalten und Lösung finden.

Du hast gehört, dass es wichtig ist, dem Unterricht zu folgen. Wenn du den Lehrstoff gewissenhaft aufnimmst, dann wirst du auch deine Schularbeiten gut machen und die Prüfungen so weit bestehen, wie es für dich und für dein weiteres irdisches Leben gut ist. Wenn du aufmerksam bist und dadurch deine Gehirnzellen entsprechend vorbereitest, dann speichert dein lichtes Bewusstsein den Lehrstoff in den Partikeln deiner Seele – und es kann später dann, wenn es notwendig ist, dir die richtige Antwort und Lösung übermitteln. Du speicherst dadurch deine Gehirnzellen auch mit dem *Sinn* des Lehrstoffes und zugleich mit den entsprechenden Worten, die du brauchst, um dich klar ausdrücken zu können.

Wer mit Gott ist, der ist in Gott, und Gott vollbringt durch ihn Seine Werke. Das heißt, Gott, das lichte Bewusstsein in dir, dein Innerer Helfer und Ratgeber, gibt dir in deinen Empfindungen und Gedanken die rechten Antworten und Lösungen.

Mit Gott zu sein heißt nicht, bigott zu sein; es heißt auch nicht, zu frömmeln und nur zu meditieren. Mit Gott und in Gott zu sein, heißt: Liebe, Güte und Sanftmut auszustrahlen und dem Nächsten Verständnis, Toleranz und Wohlwollen entgegenzubringen. Das heißt jedoch nicht, wie du schon gelernt hast, den Eigenwillen deines Nächsten zu unterstützen und dich dadurch zum Sklaven seines Willens und seiner Wünsche zu machen.

In und mit Gott zu sein heißt: in der Welt zu stehen und die Aufgaben richtig zu erfüllen, die du angenommen hast; jenen Menschen beizustehen, zu helfen und zu dienen, die der Hilfe und des Dienstes bedürfen – jedoch nicht zu dienern oder nur zu helfen, um in Ruhe gelassen zu werden oder eine Gegenleistung zu erhalten.

Auch an deinem Arbeitsplatz solltest du nicht dienern. Bemühe dich täglich, die aufgetragene Arbeit gewissenhaft zu erfüllen; dann wirst du auch den entsprechenden Lohn empfangen, denn jedem gerechten Arbeiter gebührt sein Lohn.

Es gibt täglich viele Möglichkeiten, deinen Mitmenschen gegenüber selbstlos zu sein! Auch an deinem Arbeitsplatz sollst du das Gesetz des Dienens und des selbstlosen Helfens beachten. Während der Arbeit, mit der du dein Brot verdienst, sollst du denken, leben und handeln, wie Gott es will: gütig, verständnisvoll, barmherzig, tolerant, wohlwollend und hilfsbereit.

Jeder ist dort, wo er in seinem irdischen Leben hingestellt wurde, seines Glückes Schmied. Dort kann er verwirklichen, was ihm als Programm für dieses irdische Leben vorgegeben ist – oder auch sich neu belasten und somit für seine kommenden irdischen Leben die Weichen stellen, wenn er nicht allen Menschen gegenüber das Gesetz des freien Willens befolgt und wenn er sein Leben nicht in das Gesetz der Liebe, Güte, Barmherzigkeit, des Wohlwollens und des Verstehens stellt.

Sei auch bei der Tätigkeit, mit der du das Geld für deinen Lebensunterhalt verdienst, gewissenhaft! Bleibe selbstlos, ob du zu deinem Unterhalt Geld verdienst, ob du dich in der Schule oder im Elternhaus bei deinen Eltern oder bei Freunden befindest. Hilf selbstlos, wo es der Hilfe bedarf, und strahle Güte und Wohlwollen aus, ohne dabei den menschlichen Eigenwillen deiner Nächsten zu unterstützen.

Wer nach dem göttlichen Gesetz der Liebe und Freiheit strebt und es verwirklicht, dem wird es auch nach dem Gesetz der Liebe wohl ergehen. Das heißt: Er wird keine Not leiden; er wird in Krankheit Hilfe erfahren oder ohne Krankheit das irdische Leben meistern.

Damit meine ich das gesetzmäßige Wohlergehen, von dem der Geist Christi spricht: »Übe dich in der selbstlosen Liebe, auf dass es dir wohlergehe auf Erden«, dass du also wenig oder nichts zu erdulden oder zu erleiden hast. Jede selbstlose Tätigkeit wird durch die göttliche Weisheit – sie wird auch die göttliche Tat genannt – unterstützt.

Was ein Schüler zu tun hat, gehört ebenfalls zu diesen Tätigkeiten: Du bist noch Schüler, und dir obliegt die Aufgabe zu lernen, also deine Gehirnzellen mit jenen Daten zu programmieren, die du für dein zukünftiges Erdenleben benötigst. Daher konzentriere dich in der Schule, wenn der Lehrstoff durchgenommen wird. Dann kannst du dich auch auf deine Schulaufgaben konzentrieren und diese gut und zufriedenstellend lösen.

Bevor du deine Schulaufgaben beginnst, setze dich ruhig und aufrecht hin. Schließe kurz deine Augen und wende deine Sinne und deine Gedanken nach innen zu Gott, deinem und unserem Herrn und Vater, und bitte die ewige Liebe, Gott, das ewige Gesetz, um Beistand. Die Bitte um Beistand und Hilfe aktiviert das lichte Bewusstsein in dir.

Das kurzzeitige Schließen deiner Augen und das Hinwenden zu Gott, der ewigen Intelligenz, dem Ratgeber und Helfer in dir, fällt nicht auf. Und wenn, dann stehe dazu! Verleugne Gott nicht – einerlei, was andere denken und sprechen.

Nach der kurzen Verinnerlichung öffnest du wieder deine Augen und betrachtest die vor dir liegende Aufgabe. Das heißt, du nimmst den Lesestoff, die mathematischen Formeln, oder das, was sonst zur Aufgabe gehört, bewusst in dich auf. Du stellst damit eine Verbindung mit jenem Teil deines aktivierten geistigen Bewusstseins her, der weitgehend unbelastet ist und dein Oberbewusstsein zu erreichen vermag. Daraus ergibt sich eine Kommunikation zwischen dem Göttlichen in dir – deinem Inneren Helfer und Ratgeber – und dir, dem zu Gott strebenden Menschen, dem Oberbewusstsein.

Das Göttliche in dir strahlt sodann stärker in die Gehirnzellen ein, in denen dieser Lehrstoff gespeichert ist, und stößt auch die dafür richtigen Worte an. Das innere Licht, die göttliche Intelligenz, verbindet in deinem Gehirn Wissen und Worte. Diese Vorgänge kommen in deinem Oberbewusstsein als Empfindungen und Gedanken an – und plötzlich weißt du die Lösung der Aufgabe.

Diese Aufgabe und weitere Aufgaben, die du in dich hineinnimmst, bergen in sich schon die Antwort und die Lösung. Auch in deinem lichten Bewusstsein sind Antwort und Lösung, denn das Göttliche weiß alle Dinge. Du jedoch musst die Verbindung zum Göttlichen herstellen, also mit der göttlichen Intelligenz in Kommunikation treten.

Wisse: Wie die Antwort und die Lösung schon in der Schulaufgabe sind, so sind sie in allen Fragen, Problemen und Schwierigkeiten.

Erkenne: Die Kommunikation mit dem Göttlichen in dir ist jedoch nur dann möglich, wenn in deinen

Gehirnzellen entsprechendes Gelerntes gespeichert ist. Nur dann können diese Zellen vom Göttlichen belichtet werden.

Der Innere Helfer und Ratgeber jedoch kann *dann* nicht ungehindert zu deinen Gehirnzellen strahlen und du kannst ihn nicht empfangen, wenn du dich mit Schwierigkeiten und Problemen beschäftigst. Dadurch verdichtest du die Bewölkung, die Schatten, die dein lichtes Bewusstsein überlagern.

Deshalb ist es für dich unerlässlich, bewusst zu leben, das heißt, die auftretenden Schwierigkeiten und Probleme, wenn möglich sofort, zu bereinigen, so dass du nicht umwölkt bist. Auch menschliche Gedanken – alles, was nicht dem Gesetz Gottes entspricht – solltest du stets sogleich dem Christusgeist, deinem Erlöser in dir, übergeben, damit Er sie in positive Kraft umwandelt.

Dazu ein Vergleich: Wenn der Himmel bewölkt ist, können die Strahlen der Sonne nicht ungehindert die Erde bestrahlen. Wäre die Bewölkung von Dauer, dann würden Vegetation und Menschen darunter leiden. Die Natur würde allmählich verkümmern und der menschliche Körper erkranken. Würde es beständig regnen, dann wäre das Erdreich übersäuert, und die Früchte der Gärten und Felder könnten nicht reifen. Sie würden schon im Keim faulen, ebenso die halbreifen Früchte an den Bäumen.

Ähnlich ist es mit den Menschen, die ihre Schwierigkeiten und Probleme festhalten und ständig darüber
sprechen. Die Schwierigkeiten und Probleme sind die
Wolken, die Schatten, die das lichte Bewusstsein überlagern.

Wer sich nur mit seinen Schwierigkeiten und Problemen beschäftigt, kann auch die Tagesenergie nicht
nutzen und versteht nicht, was der Tag ihm sagen und
bringen möchte.

Auch wenn du über deine Mitmenschen nachdenkst und negativ über sie sprichst, kannst du den
Tag nicht nützen. Der Tag geht an dir vorbei und nimmt
seine Gaben und Hilfen wieder mit.

Was du an diesem Tag nicht erkannt und daher
auch nicht bereinigt hast, bringt ein anderer Tag wieder
– eventuell in verstärkter Form als Leid oder Leiden,
weil du das Negative in dir durch dein weiteres falsches
Denken vermehrt hast.

Auch durch deine Lehrer will dir die Tagesenergie
etwas von dem sagen, was du heute erkennen und
lernen sollst. Ebenso sind deine Schulaufgaben für dich
ein Pensum aus der Tagesenergie.

Bist du in der Schule, während der Lehrstoff durchgenommen wird, unaufmerksam, bist du gedanklich
mit anderen Dingen oder mit deinen Mitmenschen
beschäftigt, dann stellst du keine Verbindung zu deinem
lichten Bewusstsein her. Es kann dann nicht in Kontakt
mit deinen Gehirnzellen treten, in die du das Wesent-

liche des Lehrstoffes aufnehmen solltest. Dein lichtes Bewusstsein, die göttliche Intelligenz in dir, kann dir sodann nicht die Antworten und Lösungen für deine Schulaufgaben übermitteln, auch nicht in der Zukunft, weil du in deinen Gehirnzellen kein Kommunikationsprogramm geschaffen hast.

Deshalb: Nimm den Lehrstoff gewissenhaft auf – du weißt nicht, ob und wann du ihn für dein weiteres Leben benötigst!

Solange du Mensch bist, benötigt dein lichtes Bewusstsein deine Gehirnzellen als Kommunikationsinstrumente; denn über dieses teilt es sich dir mit. Sind deine Gehirnzellen nur mit Schwierigkeiten, Problemen und unwesentlichen Dingen vollgestopft, dann vernimmst du kein Echo, keine Resonanz, das heißt keine Antworten und Lösungen für deine Aufgaben. Denn: Dein Gehirn ist der Resonanzboden für dein lichtes, göttliches Bewusstsein.

Wenn du dem Unterricht nicht gefolgt bist, weil du dich mit anderen Dingen beschäftigt hast und mit deinen Gedanken auch nicht bei den Erläuterungen der Aufgaben warst, dann kann dein göttliches Bewusstsein dir, dem Menschen, nicht beistehen, auch nichts im Gehirn speichern und dir dann auch nichts als Antwort und Lösung mitteilen.

Daher ist es wichtig, dass du dich nicht zu lange mit Unwesentlichem beschäftigst und dass du Schwierigkeiten und Probleme rasch erledigst.

Der freie Wille des Menschen – Der Weg zum beständigen Kontakt mit dem Bewusstsein in uns, zu wahrer Intelligenz und Weisheit: Merksätze, Maßstäbe und Anweisungen

Klar sein heißt: aufnahmebereit und aufnahmefähig zu sein.

Menschen, die in sich ruhen und mit Gott verbunden sind, haben einen klaren Verstand. Sie sind klare Denker. Sie erfassen die Dinge im Augenblick und haben sofort die richtige, das heißt die gesetzmäßige Lösung! Weshalb? Weil über ihrem geistigen Bewusstsein keine dunklen Schatten liegen, ihr Horizont also nicht umwölkt ist. Die Strahlen der inneren Sonne treffen ungehindert auf die aktiven Gehirnzellen, die das speichern, was der Mensch ist.

Du wirst nun die Frage stellen: »Was ist der Mensch?«
Der Mensch ist Energie, also Strahlung! Wir könnten auch sagen: Er ist ein Energiebündel oder ein Strahlenbündel. Der Mensch, das Energiebündel, die Strahlung, setzt sich zusammen aus dem, was in den Genen des Menschen bereits vorgegeben ist, und dem, was er Tag für Tag denkt, was er also aufnimmt und speichert.

Was in den Genen liegt, das ist auch in den Partikeln der Seele gespeichert und strahlt über die Seelenhüllen aus, denn die Seele begibt sich nur in einen Körper, der ihrer Schwingung ähnlich ist. Die Strahlung der Seele und die Strahlung der Gene sind weitgehend identisch.

Der Mensch hat den freien Willen. Tag für Tag trifft er neu die Entscheidung, was er aus seinem Leben zu machen gedenkt. Die Seele nimmt wohl über die Gene Einfluss auf den Menschen; doch der Mensch entscheidet selbst, was er daraus macht: ein freies, selbstloses Leben oder ein schicksalverhaftetes Dahinvegetieren.

Einfluss nehmen bedeutet: einfließen lassen. Das heißt: Was in der Seele und in den Genen gespeichert ist, fließt in das Leben des Menschen, in seine Gedankenwelt ein.

Nun liegt es am Menschen, für welche Art von Gedanken er sich entscheidet: für menschliche, die gegen Gott sind – oder für göttliche, die ihm ein lichtes, freies und gesundes Leben bringen.

Das Äußere des Menschen wird geprägt von der Seele – in Verbindung mit den Genen und der Gedankenwelt des Menschen. Sie steuert auch sein Sinnen und Trachten, seine Entscheidung für Gut oder Böse.

In jeder Lebenssituation, in der sich der Mensch zu entscheiden hat, erhält er Gottes Hilfe: Sie wirkt über das *Gewissen*, in das auch dein Schutzgeist Impulse gibt. Sie teilt sich über leise und feine Empfindungen mit, die dich anregen, an das Gute zu denken und selbstlos zu reagieren und zu handeln. Sie kann sich dir auch in einem Gespräch mit deinem Nächsten mitteilen oder über Ereignisse des Tages.

In jedem Augenblick ist Entscheidung und *Umkehr* möglich, weil jeder Augenblick Gottes Hilfe und Gottes Kraft birgt. Der ewige Geist im Menschen, der Schutzgeist und die Tagesenergie sind Mahner, Helfer und Diener des Menschen, damit dieser sein Fehlverhalten als Ursache rechtzeitig erkennt und bereinigt, bevor das von ihm selbst geschaffene Schicksal zuschlägt.

Die Liebe Gottes führt auf vielfältige Art und Weise ihr Kind und bemüht sich, dieses rechtzeitig aus seinen selbstgeschaffenen Ursachen herauszuführen.

Unser himmlischer Vater ist die Liebe und möchte dich von allen Belastungen befreien, so dass sich dein Horizont erweitert und lichtet und du Seine Liebekraft, Seine Weisheit und Größe ungehindert aufzunehmen vermagst. Mit der Hilfe unseres himmlischen Vaters kannst du alles bereinigen, was dich hindert, klar zu denken und weise zu werden.

Erkenne: Die gesamte Unendlichkeit ist der Logos, ist Gott. Die gesamte Unendlichkeit ist Intelligenz, ist Weisheit Gottes.

Nimm dir diese Merksätze zu Herzen:
— Ordne dein Denken! Dann ordnet sich dein Leben.
— Lege deinen Eigenwillen ab. Gängle keinen anderen Menschen – entziehe ihm nicht den freien Willen.

— Übe dich darin, in allen Menschen das Gute zu finden. Dann wirst du auch ihren freien Willen achten und selbst frei werden von Vorurteilen, Meinungen und Bindungen.

— Verwirkliche, was du an geistigem Wissen gespeichert hast. Dann wird sich dein Horizont klären, und du kannst die kosmische Intelligenz, die göttliche Weisheit, empfangen. Dann teilt sich dir dein lichtes Bewusstsein mit – wo du auch bist oder was du tust. Denn die universelle Intelligenz, die göttliche Weisheit, ist in dir.

Nun wirst du immer besser den Unterschied zwischen Intelligenz und Intellekt erfassen. Was möchtest du: Intelligenz oder Intellekt? Es ist dir überlassen!

Du weißt nun, dass die universelle Intelligenz in dir ist und dass nur du selbst mit ihr in Verbindung kommen kannst – nicht dein Nächster für dich.

Ich, Liobani, erkläre nun meinen Geschwistern im Erdenkleid, wie sie es halten sollen, damit sie mit ihrem geistigen Leib, dem geistigen Bewusstsein, der göttlichen Intelligenz, beständig in Kontakt stehen.

Lieber Bruder, liebe Schwester, pflanze tief in dein Inneres die Gewissheit ein, dass du ein eingekleidetes Geistwesen bist, dem jeder kosmische Strahl dient. Der Mensch, der äußere Leib, ist nur die Hülle, in welchem das Geistwesen sich befindet.

Mache dir bewusst, dass das Geistwesen in dir unendliche Kräfte besitzt, die unermüdlich wirken. Der Mensch vermag sie erst dann anzusprechen, wenn er die Schleier des menschlichen Ichs von seiner Seele entfernt hat. Ein bewusstes Leben ist die Voraussetzung dafür.

Damit du in deinem Inneren, in deinem wahren Sein, in deinem lichten, geistigen Bewusstsein, leben und auch daraus schöpfen kannst, solltest du die *Bedachtsamkeit* lernen.

Sei kein Plapperer, also kein Mensch, der alles herausspricht, was ihm in den Sinn kommt. Werde ein bedachter, ein besonnener Mensch! Diese Eigenschaft kannst du beleben, wenn du dich – in welcher Situation du auch stehst – auf dein wahres Wesen besinnst: Es ist liebevoll, gütig und sich der inneren Kraft bewusst.

Wenn du dich so in jeder Situation auf die untrügliche, gesetzmäßige Kraft der Liebe in dir besinnst, dann wirst du tief aus deinem Inneren, aus dem erschlossenen Teil deines Bewusstseins, für all deine Aufgaben, Fragen, Schwierigkeiten und Probleme die gesetzmäßige Antwort und Lösung erhalten – oder den Weg für das richtige Handeln finden.

Das wahre Wesen in dir ist dein geistiger Leib, der aus den Himmeln kam; er ist auf Erden, um denen zu dienen, die noch der Hilfe bedürfen, die von ihrem wahren Sein noch wenig oder noch nichts erfahren haben.

Auch durch mich, Liobani, wirst du von deinem himmlischen Vater, der auch mein Vater ist, gerufen, die ewigen Kräfte zur Entfaltung zu bringen, damit du aus Trübsal, Angst und Verzweiflung herausfindest – und auch deinen Mitmenschen den Weg aus der Enge von Angst, Verzweiflung und Ichbezogenheit zeigen kannst.

Damit du weise, also intelligent wirst, beachte Folgendes:

Prahle nicht mit deinem Wissen! Das ist nicht schön und deutet nicht auf Klugheit hin – schon gar nicht auf Weisheit.

Bemühe dich, meine Hinweise zu befolgen; reinige vor allem deine Seele, indem du die menschlichen Gedanken und die noch unedlen Sinne verfeinerst.

Außerdem kannst du das von mir Offenbarte *erproben*; dann kannst du feststellen, wie es an dir selbst und in deiner nächsten Umgebung wirkt – auch in der Schule.

Ich bitte dich jedoch: *Rede nicht* von dem, was du erprobst oder was dir schon gelungen ist, sondern: Werde, wachse und reife!

Werden, wachsen und reifen heißt: Werde dir mehr und mehr bewusst, dass du ein Kind Gottes bist und in deinem Inneren unvorstellbare geistige Schätze birgst.

Willst du diese heben, so musst du zuerst zu deinem wahren Sein Zugang finden.

Wende gute Eigenschaften an wie Toleranz, Verständnis und Wohlwollen, und du wächst zunehmend in das göttliche Gesetz hinein, das du sodann erfüllst – und das dich erfüllt. So vollzieht sich das geistige Wachstum. Aus dem Wachstum folgt die geistige Reife. Durch die Erfüllung der Gesetze wirst du zur wahren Frucht: Du hebst den Schatz des Inneren und bist *weise*.

Dann wirst du deinen Mitmenschen nicht erklären, wie weise du bist oder dass du weise geworden bist; der Weise prahlt nicht! Er macht sich nicht wichtig. Der Weise spricht wenig, doch offen und klar. Er *ist*. Das heißt, er strahlt die Wahrheit aus. Was er sagt, hat einen tiefen Gehalt, der aus der inneren Weisheit fließt.

Seine Haltung gegenüber seinen Mitmenschen ist wohlwollend, jedoch nicht aufdringlich. Er hilft und gibt, wo es angebracht ist. Was er vollbringt, ist selbstlos. Weise, also wahrhaft intelligente, Menschen sind gütig, rege und wachsam.

Der wahre Weise sieht nicht nur auf das Äußere, auf das Gehabe und Gerede des Menschen. Er schaut tief in ihr Inneres und erkennt, wie sie sind. Wahre Weise schauen auf das Wesentliche und unterhalten sich nicht über Unwesentliches.

Menschen des Geistes leben aus sich heraus und geben auch aus sich heraus, aus ihrem wahren Sein, aus dem geistigen Leib im menschlichen Körper. Sie schöpfen aus ihrem lichten Bewusstsein, das ihr geistiger Leib ist.

Um aus dir, aus deinem zweiten, dem ewigen Körper, geben zu können, musst du erst zu ihm finden. Deshalb gilt bezüglich der ersten Schritte für dich auf dem Weg zu deinem wahren Sein, zu deinem ewigen Körper: Finde dich selbst! Kein anderer kann für dich essen und verdauen. Und kein anderer kann für dich den inneren Schatz, dein wahres Sein, finden und heben. Nur du selbst!

Daher bemühe dich, in dein Inneres hineinzuwandern, indem du alle Hürden, die das menschliche Ich aufbaut, auf rechte Weise beseitigst. Dann wirst du weise, intelligent.

Um zu dir selbst zu finden, musst du dich immer mehr verinnerlichen; das heißt: den Tag leben und nicht vom Tag gelebt werden! Vollbringst du das, dann wirst du sehr bald erkennen, dass du viele Dinge des Tages rasch und erfolgreich erledigen kannst.

Auch dein *Tagebuch*, in welches du alles notierst – deine täglichen Übungen, das, was zu bereinigen ist oder was du schon erfüllt hast –, hilft dir, dich selbst zu erkennen und zu finden.

Notiere auch in dein Tagebuch, wie du den Kontakt zu deinem lichten Bewusstsein entwickelst und wie die Impulse und Kommunikationen in deinem Oberbewusstsein ankommen.

Die Notizen in deinem Tagebuch sind kleine Hilfsmittel und lassen dich erkennen, dass du geistig reifst, dass du den Tag lebst und nicht von ihm gelebt wirst.

Durch deine Verbindung mit deinem inneren Sein, deinem lichten Bewusstsein, werden auch deine Schulaufgaben zur Zufriedenheit deines Lehrers ausfallen, und du wirst die Prüfungen in der Schule viel leichter bestehen. Du wirst selbst wissen, dass du deine Schulaufgaben richtig gelöst hast. Du wirst die Prüfungen in deinen schulischen Fächern nicht nur mit einer mittelmäßigen Note abschließen; auch »gut« und »sehr gut« werden nicht fehlen.

Wisse: Dem lichten Menschen dient sein wahres Sein, sein lichtes Bewusstsein.

Die Hilfe Gottes ist dir sehr nahe, wenn du die Tage nützest, das heißt schon am Morgen dich selbst und den Tag Gott übergibst, um Führung und Hilfe bittest und dich während des Tages immer wieder darauf besinnst, dass Gott dir beisteht, wenn auch du das Nötige dazu beiträgst: wenn du dich tagsüber immer wieder im Gebet nach innen wendest und auch in dein Tagebuch das einträgst, was dir gelungen oder misslungen ist.

Besinne dich immer wieder auf dein lichtes Bewusstsein, und sei gewiss, dass der Geist unseres himmlischen Vaters dir allezeit beistehen möchte. Gehe nicht nur morgens in die Stille, sondern auch um die Mittagszeit und am Abend, damit du die Verbindung mit Gott aufrechterhältst.

In die Stille gehen heißt: Setze dich aufrecht hin, schließe deine Augen und wende dich nach innen zu dem Geist Gottes in dir.

Nur in der Stille ist inneres Werden, Wachsen und Reifen möglich. Werde still und gib dich Gott hin, damit die göttliche Weisheit aus dir wachsen und Früchte bringen kann.

Still werden heißt nicht Abstand nehmen von Sport und Spiel oder gar von deinen Mitmenschen und deinen Schulkameraden! Weise Menschen sondern sich nicht von ihren Mitmenschen ab. Sie leben als leuchtende Vorbilder unter ihnen. Menschen, die in Kontakt mit Gottes Liebe und Weisheit stehen, sind keine Sonderlinge. Mache also die Spiele mit, die dir von innen her zusagen, und mache auch Radtouren oder Autofahrten, wenn es dir Freude macht.

Sei in allem gerecht; jedoch rechte nicht, um recht zu haben. Rechtfertige dich nicht, wenn es darum geht, wer recht hat. Kläre auf, das heißt: Stelle richtig, was falsch ist – ob du Zustimmung erntest oder nicht. Sei der junge Mensch, der in jeder Situation verständnisvoll und gütig ist.

Wisse: In dir ist der gerechte Geist, der um jede Situation weiß und diese beherrscht. Er sieht die Dinge und Geschehnisse, wie sie sind, und nicht, wie sie augenblicklich zu sein scheinen.

Erwarte nicht, dass Gott dann eingreift, wenn du glaubst, dass es nun an der Zeit wäre. Das Göttliche in dir weiß, wann dir Gerechtigkeit widerfahren wird. Überlasse also Gott den Zeitpunkt.

Er wird *dann* das Unrecht aufdecken, wenn auch jener, der Unrecht verübt hat, daraus zu lernen vermag. Deshalb vertraue in allen Dingen auf Seine Gerechtigkeit.

Sei niemals beleidigt oder streitsüchtig. Das ist allzumenschlich. Menschen, die mehr im Geiste Gottes leben und nicht nur auf das Materielle bedacht sind, sind nicht beleidigt. Sie sind auch nicht streitsüchtig, weil sie nicht rechthaberisch sind.

Sie leben in großen Gedanken, sind also selbstlos, gütig, verständnisvoll und wohlwollend jedem Menschen gegenüber. Sie sehen Menschen und Dinge so, wie sie sind, und nicht, wie sie dem Beleidigten oder dem Streitsüchtigen scheinen.

Lerne, in jede Situation hineinzuschauen. Dann wirst du weise. Denn du weißt schon: In jeder Situation, auch im Streitgespräch, ist die geistige Antwort oder Lösung enthalten.

Nimm dich in jeder Situation zurück – und verbinde dich mit deinem Inneren Helfer und Ratgeber. Wenn es gut ist, wird Er dir über dein Inneres die Antwort oder die Lösung geben, und dann kannst du sie als

Hilfeleistung einbringen. Du darfst damit jedoch deinem Nächsten nicht den freien Willen nehmen!

Sei dir bewusst, dass deine Antwort oder deine Lösung von den Streitenden oder Beleidigten nicht angenommen werden müssen. Gib die Antwort oder die Lösung nur als Hilfeleistung.

Prahle nicht, indem du laut verkündest, woher du die Antwort oder die Lösung hast! Bleibe weise – gib und hilf nur, wenn du gefragt oder um Hilfe gebeten wirst. Dränge dich und deine Hilfe niemals auf!

Erkenne: Nicht du, der Mensch, bist der Weise, sondern das göttliche Bewusstsein in dir ist die Weisheit, das selbstlose, weise Leben!

Du kannst deine eigene geistige Entwicklung und Reife selbst kontrollieren, wenn du jeden Tag bewusst lebst und auch dein Tagebuch gewissenhaft führst. Dann erkennst du die Stufen deiner geistigen Entwicklung und Reife und erfährst dich immer wieder selbst. Nimm dir Zeit, jeden Abend den Tag und dein Tagebuch abzuschließen und den Übertrag auf den nächsten Tag zu machen: was erledigt ist und was an Menschlichem noch zur Bereinigung ansteht. Dadurch hast du dein Denken, Reden und Tun unter Kontrolle. Du weißt, was du schon überwunden hast und woran du noch arbeitest. Du erkennst selbst deine Höhen und Tiefen, deine Niederlagen und deine geistigen Fortschritte.

Wenn du dein Tagebuch gewissenhaft führst und es jeden Abend abschließt und den Übertrag für den nächsten Tag machst, dann wirst du auch ruhig, dankbar und glücklich in die Nacht gehen, gut schlafen, am Morgen wieder froh erwachen und den Tag als deinen guten Freund annehmen.

Durch die Übungen und durch die *Verwirklichung* wirst du ein freies, frohes Kind Gottes, das in großen Gedanken lebt. Wenn du jeden Tag bewusst lebst und das bereinigst, was dir der Tag bringt, dann wird dein geistiges Bewusstsein von Tag zu Tag freier und lichter. Dadurch ist es dir dann möglich, aus deinem erweiterten geistigen Bewusstsein immer tiefere Weisheiten zu schöpfen.

Führung und Beistand durch den Inneren Helfer und Ratgeber in jeder Situation – Beispiel: mündliche oder schriftliche Prüfung

Wenn du ein Mensch des Geistes geworden bist, der gewissenhaft die Tage lebt, der also sein Inneres nach außen wachsen lässt durch Wachsamkeit und Verwirklichung, dann stehst du immer mehr in Kommunikation mit deinem Inneren, dem Göttlichen, dem Inneren Helfer und Ratgeber.

Jeder Tag bringt nicht nur Selbsterkenntnisse und Erfahrungen mit sich, sondern auch Prüfungen – auch Prüfungen in der Schule.

Wer bewusst lebt und dem Schulunterricht gewissenhaft gefolgt ist, der braucht sich nicht zu ängstigen, wenn Prüfungen bevorstehen. Denn deine Gehirnzellen haben das aufgenommen, was du für die Prüfung oder die Prüfungen brauchst. Das lichte Bewusstsein steht mit dem in den Gehirnzellen gespeicherten Lehrstoff in Verbindung. Es wird aktiv, wenn du das Göttliche in dir um Hilfe und Beistand bittest und die Prüfungsaufgabe bewusst, das heißt konzentriert, in dich aufnimmst, sie gewissenhaft betrachtest und Wort für Wort bewusst liest. Du weißt: In jedem Wort ist die Antwort und die Lösung!

Wenn du z.B. Prüfungen in Mathematik hast, dann sei dir bewusst, dass auch in jeder Zahl die Lösung liegt. Du staunst? Wenn du weißt, dass alles Schwingung, also alles Energie ist, so sind auch Zahlen und mathematische Formeln Energie, die ausstrahlt und sich mitteilt. In jeder Energie ist der positive Teil, der geistige Aspekt, der alle Dinge weiß, der auch die Antwort und die Lösungen für die mathematischen Aufgaben in sich birgt. Wenn du aufmerksam warst, als der Lehrstoff durchgenommen wurde, und wenn du dein Denken und Leben dem Göttlichen in dir geweiht hast, dann werden die lichten Aspekte deines Bewusstseins mit dem Lehrstoff in deinen Gehirnzellen in Verbindung treten und mit den positiven Kräften im Lehrstoff und in der Prüfungsaufgabe kommunizieren.

Hast du nun die Prüfungsaufgabe vor dir liegen, dann gehe kurz, wie ich es dir schon offenbart habe, in die Stille, in das Gebet, und bitte den Geist Gottes um Beistand und Hilfe. Dann betrachte deine Aufgaben, lies sie gewissenhaft durch und vertraue dich deinem Inneren Freund, Helfer und Ratgeber, der ewigen Intelligenz, an und sei wach, das heißt, sei vertrauensvoll und konzentriert. Plötzlich können in dich Gedanken einfließen oder in dir Empfindungen wach werden. Nimm diese an, überprüfe sie mit deinem Verstand – und wenn du darin den Weg zur Lösung oder die Lösung selbst erkennst, dann bringe sie zu Papier.

Zweifle in keiner Situation! Denn der Zweifel verschließt die Tür zum lichten Bewusstsein – und ein falsches Resultat kann die Folge sein. Wisse: Das lichte

Bewusstsein kennt jeden deiner Zweifel schon im Voraus – entsprechend deinem Verhalten steht es dir bei. Stärke also deinen Glauben und dein Vertrauen in jeder Situation – um so sicherer wirst du.

Hast du die Lösung niedergeschrieben, dann danke Gott, dem Geist deines himmlischen Vaters in dir, und sei frohgemut.

Zu Beginn deines Inneren Weges darfst du das von mir Offenbarte erproben. Hierfür gibt dir Gott die Kraft, um dein Vertrauen und deinen Glauben an Ihn, die ewige Intelligenz, zu stärken.

Nach einer geraumen Zeit, wenn du es erprobt hast und erstarkt bist, gilt, was ich dargelegt habe: Das lichte Bewusstsein in dir wird dann auf deine Zweifel, Ängste und Vorurteile entsprechend reagieren!

Auch für die mündlichen Prüfungen gilt: Gehe am Abend vor dem Prüfungstag zwischen 20 und 22 Uhr, wenn sich die atmosphärischen Schwingungen beruhigt haben und im Haus oder in der Wohnung Ruhe eingekehrt ist, in die Stille, also in dich, in dein wahres Sein, und bitte den Geist Gottes in dir um Beistand für den Tag der Prüfung.

Wenn du dadurch still geworden bist, dann nimm den Lehrstoff zur Hand, der geprüft wird. Wenn du nicht genau weißt, welcher Lehrstoff zur Prüfung vorgelegt wird, dann wähle aus den Unterlagen das aus, wonach es dich von innen her drängt. Lasse dich dabei nicht ausschließlich von deinem Verstand leiten, sondern lasse dich von innen führen! Überlege nicht, welche Seite des Lehrbuches du aufschlagen sollst. Schlage eine Seite des Buches auf. Vertraue darauf, dass dort das steht, was dir bei der Prüfung weiterhilft – und sei es nur ein Merksatz, auf dem du aufbauen kannst.

Sowohl bei der mündlichen als auch bei der schriftlichen Prüfung vollzieht sich das gleiche Geschehen: Der Merksatz kann eine Kettenreaktion im gespeicherten Wissen auslösen, deren Ergebnis die Lösung enthält, die du dann aussprichst oder niederschreibst.

Es steht geschrieben: Bitte, und es wird dir gegeben! Bitte Ihn, den großen Geist in dir! Als Dank an Ihn befolge Seine ewigen Gesetze der Liebe. Dann wirst du auch empfangen, da du dich hierfür aufbereitet hast.

Wenn du am Vorabend des Prüfungstages schlafen gehst, begib dich bewusst in die Arme des liebenden Vater-Mutter-Gottes, dessen Kinder wir alle sind.

Bist du trotz innerer Stille im Äußeren aufgeregt, ist also dein Nervensystem in Erregung, dann kannst du ein nervenstärkendes Naturmittel nehmen, das dich beruhigt, jedoch nicht schläfrig macht. Ich wiederhole: ein nervenstärkendes Naturmittel, das dich nicht einschläfert – also kein Schlafmittel; denn ein Schlafmittel, das am Abend vor dem Prüfungstag eingenommen wurde, kann nachwirken. Dann ist es möglich, dass am nächsten Morgen die Gehirnzellen nicht voll aktiv sind und die Impulse des Inneren Helfers und Ratgebers nicht aufzunehmen vermögen, weil das Gehirn noch von dem Schlafmittel beeinträchtigt ist.

Du erkennst also immer wieder, dass dein Innerer Helfer und Ratgeber, das lichte Bewusstsein, der Geist Gottes in dir, deine mit dem wesentlichen Lernstoff gespeicherten Gehirnzellen benötigt, um dem Menschen, dem Oberbewusstsein, beistehen zu können.

Du siehst, wie notwendig es ist, deine Gehirnzellen nicht mit unwesentlichen Dingen zu belasten, so dass sie mit allem möglichen vollgestopft sind und du deshalb das Göttliche in dir nicht bewusst aufnehmen kannst. Der Geist Gottes braucht einen Resonanzboden, um sich dir und der Umwelt mitteilen zu können. Dieser Resonanzboden ist das Gespeicherte, das du für dein irdisches Leben benötigst. Selbst die Worte hierfür müssen im Speicher vorgegeben sein.

Wenn also keine Speicherung im Gehirn vorliegt, kein Programm, dann kann auch nichts fließen. Der ganze Mensch wird über das Gehirn gesteuert. So könnten wir sagen: Der Mensch ist das Gehirn.

Du hast in diese irdische Welt Lebensprogramme mitgebracht. Achte darauf, dass sie nicht von negativen Einflüssen unterwandert werden. Deshalb lebe bewusst! Das heißt: Was du tust, das tue ganz!

Meide alle Gespräche, die nur unwesentliche Unterhaltungen sind. Musst du bei unwesentlichen Gesprächen dabeisein, dann nimm an der Unterhaltung nur so weit teil, wie du aus den Gesprächen das herausholen oder einbringen kannst, was wesentlich und für alle Beteiligten nützlich sein könnte. Dein lichtes Bewusstsein hilft dir dabei.

Der Innere Helfer und Ratgeber ist immer da. Wo du bist, ist auch Er.

Ein neuer Tag hat begonnen. Es ist der Tag deiner mündlichen Prüfung. Du hast gut geschlafen – in dem Bewusstsein, dass dir Gott beisteht. Der erste Gedanke beim Erwachen gilt sicherlich der Prüfung. Trotz alledem danke unserem Vater-Mutter-Gott für die Nacht und für den neuen Tag.

Lass dich trotz einer eventuellen Erregung wegen des Bevorstehenden nicht aus dem Gleichgewicht bringen: Halte deine kurze morgendliche Stilleandacht, in der du dich mit dem Geist, dem lichten Bewusstsein in dir, verbindest.

Sprich an diesem Morgen nicht viel und nimm nur ein leichtes Frühstück zu dir. Sammle deine Kräfte, und wende dich nach innen; dort verweile! Welche Eindrücke zu Hause oder auf dem Schulweg dich auch ablenken wollen – bleibe ruhig.

Redet vor der Prüfung ein Schulfreund über seine Ängste und Befürchtungen, so gib ruhig und sicher Antwort; doch lasse dich nicht beunruhigen. Vielleicht kann dein Innerer Helfer und Ratgeber – für dich unmerklich – dem ängstlichen Prüfling einige Hinweise durch dich geben, damit auch er ruhig wird und zuversichtlich in die Prüfung geht.

Wenn du vor dem Prüfungskomitee sitzt, dann wende dich in Gedanken nach innen. Denke kurz an das lichte Bewusstsein in dir und bejahe die helfende göttliche Kraft. Wenn nun die Prüfungsfragen gestellt werden, dann nimm sie ruhig in dich auf. Sei ganz ruhig! Während du die Prüfungsfragen in dich aufnimmst, ist schon das Göttliche in dir verstärkt aktiv.

Du hast die Fragen kaum aufgenommen, so steigen schon die ersten Gedanken in dir empor. Oftmals ist es nur eine kurze, scheinbar unwesentliche Einleitung. Während du jedoch die Einleitung aussprichst, findet das lichte Bewusstsein in dir den Weg zu dem Gespeicherten in deinen Gehirnzellen, das es benötigt, um dir die Lösung mitzuteilen.

Es geht dann wie folgt weiter: Du hast die kurze Einleitung noch nicht ausgesprochen, so weißt du schon das Weitere. Bis du dies ausgesprochen hast, hat dein Innerer Helfer und Ratgeber weitere Gehirnzellen angeschlagen, um dir zu übermitteln, was zur Lösung noch hinzugefügt werden soll, um diese zu vervollständigen. Das Ganze ist *ein* Gedankenfluss ohne Unterbrechung.

Wenn der Prüfer dazwischenspricht, so lasse dich nicht irritieren. Oftmals wird er unbewusst von seinem lichten Bewusstsein angeregt, dir Anhaltspunkte, also

Impulse, zu geben. Diese sollen jene Gehirnzellen in dir aktivieren, die dein lichtes Bewusstsein vielleicht deshalb nicht erreichen konnte, weil du leicht erregt warst und dich dadurch verkrampft hast.

Wisse: Angst ist mangelndes Vertrauen. Sie ist ungöttlich. Dennoch hat der Geist unseres liebenden Vaters, das lichte Bewusstsein in dir, großes Verständnis für dich, Sein Kind auf dieser Erde. Er steht dir trotz deiner Ängste bei. Der Geist unseres geliebten Vaters schaut deinen guten Willen und belohnt Sein Kind, das sich bemüht, aus Ihm zu leben und aus Ihm zu schöpfen und zu geben.

Vergiss niemals, Gott für alles zu danken, auch für die Hilfe bei den Prüfungen – einerlei, wie sie ausgefallen sind.

Zweifle nicht, und sorge dich nicht, ob alles gutgegangen ist. Vertraue! Gott weiß, was gut für dich ist. In allem ist auch die Führung für dein Leben.

Sowohl in deiner Seele als auch in deinen Genen ist dein Erdenleben vorprogrammiert. Während deines Erdenlebens, das du dir durch die Licht- und Schattenseiten deiner Vorinkarnationen selbst geschaffen hast, kannst du bestimmen, ob es bewusst oder unbewusst verläuft, das heißt, ob du deine Licht- oder deine Schattenseiten verstärkst.

Wer sich von Gott in allen Situationen führen lässt, der wird in seinem Erdenleben keine allzu großen Umwege gehen. Er wird von dem Vater-Mutter-Gott zielbewusst geführt, von der Schulzeit in den Beruf und in das Berufsleben.

Er wird vom Vater-Mutter-Gott zielbewusst bei der Wahl der Freunde und Freundinnen geführt, auch bei der Wahl des Partners und der Partnerin.

Menschen, die sich bemühen, gesetzmäßig zu leben, werden also auch geführt, wenn sie eine Ehe oder Partnerschaft eingehen, eine Familie gründen und Kinder zeugen.

Wer Gott die Ehre erweist und mit Ihm, dem Inneren Helfer und Ratgeber, in Verbindung steht, der wird nicht fehlgeleitet. Er wird nicht in die Irre gehen.

Programme – Vorgegebenes bei der Berufswahl – Mitgebrachte Neigungen und Möglichkeiten, Erinnerungen und Entsprechungen

Gott, dein himmlischer Vater, möchte, dass du dich selbst erkennst, um jeder Situation gewachsen zu sein.

Du weißt nun schon, dass in allem, was dich bewegt, in jedem Gedanken, in jedem Wort und in jedem Satz, in allen Gesprächen, in Schicksalsschlägen, in Problemen, in Krankheiten, in Sorgen und Nöten, in Freude und in Leid die Antworten und die Lösungen enthalten sind.

Du hast auch schon gehört, dass sich viele gleichschwingende Gedanken, Worte und Handlungen zusammenfügen und einen Komplex bilden – wir können auch sagen: ein Programm. Jeder Komplex strahlt das aus, was er enthält. Er sagt also aus, was in ihm schwingt.

Jede Aussage, das heißt, jede Schwingung, birgt in sich bereits die rechte Antwort oder Lösung. Solche aneinandergereihten Gedanken, Worte und Handlungen nenne ich einen Komplex oder ein *Programm*.

Der Mensch hat sehr viele Programme erstellt; viele davon sind in seiner Seele und in den Gehirnzellen gespeichert. Auch deine Schwierigkeiten, Probleme, Krankheiten, Nöte, Unfälle und alle Schicksalsschläge sind unterschiedliche Komplexe, die du einst durch

Gedanken, durch Worte und durch dein Handeln geschaffen hast.

Wenn die Strahlung einer oder mehrerer Planetenkonstellationen mit einem oder mehreren dieser von dir geschaffenen Komplexe, also Programme, in Übereinstimmung kommt, also in Kommunikation gelangt, dann werden diese Programme in deiner Seele oder in deinem Gehirn aktiv. Sie wirken sodann auf deinen Körper ein – und du kannst erkranken oder bekommst mit dir selbst oder mit einzelnen deiner Mitmenschen Schwierigkeiten. Auch Probleme und Schicksalsschläge können auf diese Weise ausgelöst werden.

Erkenne: Nicht deine Mitmenschen haben dir diese Unannehmlichkeiten und Nöte auferlegt, sondern du selbst hast sie geschaffen! Du bist die Not, du bist die Schwierigkeit, du selbst bist das Problem, du bist das Schicksal, du bist die Krankheit.

Gott, unser ewiger Vater, dein Innerer Ratgeber und Helfer, möchte dir rechtzeitig aus all dem heraushelfen, was du dir selbst geschaffen hast – bevor es über dich hereinbricht.

Er, der große Geist, hilft dir, in allem die richtige Antwort und Lösung zu finden. Jede Unpässlichkeit und Krankheit, jede Freude und jedes Leid möchte dir etwas sagen. Die positiven Teile in dem Komplex, z.B. in der Krankheit, möchten dir sagen, wie du dich verhalten sollst, damit du durch Gott und mit Hilfe des

Arztes, den du eventuell konsultiert hast, Linderung und Heilung erlangen kannst.

Bitte Gott, deinen Inneren Helfer und Ratgeber, dass Er dir beisteht, die Ursache oder die Ursachen zu finden, die z.B. zu deiner Erkrankung geführt haben. Vertraue dich dem Helfer und Ratgeber in dir an; glaube an Ihn – und du wirst Antwort und Lösung empfangen.

Oftmals dauert es länger, bis du Klarheit über eine Situation erhältst. Das kommt unter Umständen daher, weil auf dem göttlichen Teil deines Bewusstseins noch Menschliches liegt, eine Belastung, und dein Innerer Helfer und Ratgeber dich dadurch nicht sofort zu erreichen vermag.

Trotz alledem wird Er nicht untätig bleiben, sondern dir Hilfe zuteil werden lassen, damit du diese Überlagerungen deines menschlichen Ichs beseitigen und von Ihm Antwort und Lösung empfangen kannst. Deshalb sei wachsam, und nimm auch jene Impulse an, die dir unwesentlich erscheinen. Betrachte sie, und was du daraus erkannt hast, bereinige!

Das gleiche gilt für die positiven Aspekte deines Lebens. Ich denke hier an deine Berufswahl.

Schon in der Offenbarung für die Kinder von 6 bis 12 Jahren habe ich, Liobani, von der Berufswahl gesprochen. Ich möchte noch einmal darauf zu sprechen kommen, da du diese Offenbarung vielleicht nicht gelesen hast. Jede meiner Offenbarungen ist in sich abgeschlossen. Wenn du die Möglichkeit hast und die vorausgehenden Offenbarungen wachsam liest, erkennst du auch darin für deine jetzige Situation Aufklärung und Verständnis.

Auch bei deiner Berufswahl hilft dir dein Innerer Helfer und Ratgeber! Gott kennt Sein Kind! Gott schaut sowohl in die lichten Seiten als auch in die Schattenseiten deiner Seele. Er schaut deine Gene, welche deine Eigenschaften tragen, die bestimmend auf dein Leben einwirken und das »Wer oder was du bist« prägen.

Wenn du einige Erdenleben hinter dir hast – und das haben die meisten Seelen im Erdenkleid –, dann hattest du auch schon mehrere Berufe, wie z.B. Pädagoge, Krankenpfleger, Arzt, Handwerker, Techniker, Angestellter, oder du warst ein Arbeiter, der sich in einigen Fachbereichen Kenntnisse angeeignet hat. Die Erfahrungen aus solchen Tätigkeiten, nämlich die, die du für deine kommenden Erdenleben noch benötigst, sind in deiner Seele als Erinnerungen oder Entsprechungen gespeichert.

Als nun deine Seele wiederum zur Einverleibung ging, wurden bestimmte Erinnerungen oder Entsprechungen aktiv, weil du sie als Mensch benötigst, um deinen Mitmenschen zu helfen und zu dienen – oder um im Berufsleben mit jenen zusammenzufinden, mit denen deine Seele in Vorleben Ursachen geschaffen hat.

Was aus den *Erinnerungen* strömt, ist schon verwirklichtes Gut, das für die selbstlose Hilfe und für den Dienst am Nächsten eingesetzt werden kann.

Was aus den *Entsprechungen* strömt, was also in einem Beruf verursacht wurde, ist noch Belastung. Es kann durch die gleiche oder eine ähnliche Berufstätigkeit, die der Mensch schon in einem der Vorleben ausgeübt hat, gesühnt werden: Er wird im gegenwärtigen Beruf wieder mit jenen Menschen zusammengeführt, mit denen er die Entsprechungen, also Ursachen, im beruflichen Bereich geschaffen hat. Er erhält damit zugleich die Möglichkeit, aus dem Beruf, der zuerst Entsprechung war, das Beste zu machen, indem er ehrlich, aufrichtig und gütig seinen Beruf ausübt.

In deinen Genen können auch noch Erfahrungen einiger Berufselemente liegen, das heißt, Teilbereiche aus Berufszweigen, die du in Vorleben ausgeübt hast; sie können zur rechten Zeit aktiv werden, soweit du sie in diesem Erdendasein benötigst. Wenn dann die Zeit der äußeren Reife kommt, wenn also der junge Mensch in die Pubertät und allmählich in das Erwachsenenalter eintritt, werden die in der Seele gespeicherten beruflichen Komplexe von Erfahrungen aktiv.

Bist du klar, das heißt, hast du dein göttliches Bewusstsein in dir teilweise oder schon weitgehend freigelegt, da du bewusst gelebt und das bereinigt hast, was dir die Tagesenergie nahegebracht hat, dann wirst du auch bei deiner Berufswahl Hilfe erhalten.

Aus den verschiedenen Tätigkeiten in deinen Vorleben können auch mehrere Fähigkeiten, Talente und

Qualitäten in dir empordämmern. Das kann sich folgendermaßen äußern: Einmal hast du den Wunsch, Arzt zu werden, dann wieder möchtest du Handwerker oder Lehrer sein. Oder in einem Mädchen regen sich die Wünsche, Schneiderin, Ärztin, Lehrerin oder Kindergärtnerin zu werden oder einen Beruf im Sozialbereich auszuüben.

Wenn du dich während der Schulzeit schon in diesem oder jenem handwerklichen oder sozialen Bereich umgesehen hast, das heißt dort für kurze Zeit tätig warst, um deine Fähigkeiten, Talente und Qualitäten zu prüfen, dann spürst du deutlicher, wohin es dich zieht, und du findest leichter den Beruf, für den du ein größeres Potential an Fähigkeiten mitbringst.

Stehst du jedoch am Ende deiner Schulzeit und denkst erst jetzt über die Wahl eines Berufes nach, der deinen Fähigkeiten, Talenten und Qualitäten entspricht, dann beachte folgendes: In jedem Gedanken an die Möglichkeit, diesen oder jenen Beruf zu wählen, liegt die Antwort und die Lösung.

Gefällt dir ein Beruf, und du machst dir Gedanken, ob du ihn für dein Erdenleben wählen sollst, so bitte wiederum den Inneren Helfer und Ratgeber um Beistand.

Weil in dir stets verschiedene Möglichkeiten liegen, wird dein Innerer Helfer und Ratgeber, das göttliche Bewusstsein, nicht in deine Empfindungswelt einspiegeln und dir mitteilen, welchen Beruf du wählen sollst.

Jedoch wird Er dir beistehen, den Beruf zu finden, der dich erfüllt oder in welchem du das bereinigen kannst, was du in den Vorleben, in damaligen Berufen, verursacht hast.

Der Innere Helfer und Ratgeber ist immer bestrebt, dir mehrere Möglichkeiten zu zeigen, die in dir aktiv sind, und dich so zu führen, dass dich dein Beruf erfüllt und du vielen Menschen helfen und dienen kannst.

Die Voraussetzung ist jedoch, dass es dem Inneren Helfer und Ratgeber möglich ist, dich zu führen. Dann zeigt er dir Aspekte und Möglichkeiten, aus denen du das Gewicht deiner verschiedenen Fähigkeiten und Talente zu erkennen vermagst. Er führt dich z.B. an Berufszweige heran, für die du in dir ein größeres Potential gespeichert hast.

Der Innere Helfer und Ratgeber kann dich auch so führen: Er zeigt dir durch Ereignisse, Kontakte oder Einblicke die Möglichkeiten, die in dir sind – z.B. in den Ferien, bei einem Spaziergang, bei dem Besuch eines Arztes oder in einer Klinik. Oder Er führt dich mit Menschen zusammen, die aus ihren Berufserfahrungen erzählen, so dass du Einblicke erhältst und dich entsprechend orientieren kannst.

Bist du wachsam, also klar, dann wirst du immer deutlicher spüren, welchen Beruf du wählen sollst, und du erlangst auf einmal die innere Gewissheit, welches der richtige Beruf für dich ist.

Du wirst dann entweder erkennen, dass du dafür die richtige Schulbildung gewählt hast – oder du wirst die Unterrichtsfächer wechseln oder noch einmal kurz die Schule aufsuchen oder eine Lehre beginnen, je nachdem, was du erkannt hast. Was du bisher gelernt und erfahren hast, das heißt, was dein göttliches Bewusstsein für dich aufnehmen und speichern konnte, das wirst du in deinem weiteren Erdenleben gebrauchen.

Auch die Erfahrungen deiner Eltern mit dir können hilfreich sein. Von der ersten Minute deines Erdenlebens an haben sie dich begleitet, dich behütet und umsorgt. Vielleicht haben sie für dich ein Erkenntnisbuch geführt, in welchem wesentliche Merkmale aus deiner Kindheit aufgezeichnet sind. Diese ermöglichen dir weitere und tiefere Einblicke in dein Denken, Fühlen und Leben während deiner Kindheit. Auch dein eigenes Tagebuch, sofern du dieses gewissenhaft geführt hast, sagt vieles über dich aus. Du kannst dich darin selbst finden, also dein wahres Wesen erkennen.

In der schnelllebigen Zeit, in der du lebst, in der sich die Ereignisse anhäufen, hast du sicher inzwischen einiges vergessen. Das Erkenntnisbuch und das Tagebuch sagen dir, was war und jetzt noch wichtig ist. Du kannst dich darin selbst finden und auch erkennen, ob die Wahl deines Berufes gut ist und deinen Talenten, Fähigkeiten und Qualitäten entspricht.

Das Geistwesen im Erdenkleid – Altern und Welken – Finde die Wahrheit, den »Inhalt der Kapsel«!

Empfinde: Du bist ein eingekleidetes Geistwesen und für wenige Jahre in einen materiellen Mantel geschlüpft, in das Erdenkleid. Denke immer und immer wieder daran! Du sollst das Erdendasein so gestalten und meistern, dass du nach dem Hinscheiden deines Menschen – dann, wenn der Mantel Mensch abgelegt ist – wieder zum Ursprung zurückkehren kannst, in das Licht, dorthin, wo Raum und Zeit nicht existieren.

Erkenne: Wir alle sind Kinder der Ewigkeit – einerlei, ob du für kurze Zeit im Erdenkleid bist oder ich als Geistwesen im ewigen Sein lebe. Raum und Zeit und Tag und Nacht entstehen durch die Verdichtung der Geistsubstanz, Materie genannt, die nicht mehr selbsttätig leuchtet – sowie durch die Bewegungen der Erdkugel, die sich um sich selbst dreht und um die Sonne kreist.

Der Mensch sagt: »Der Tag ist zu Ende«, wenn sich ein Erdteil infolge der Eigendrehung der Erde von der Sonne abwendet. Oder der Mensch sagt: »Ein Jahr ist zu Ende«, wenn die Erde einmal die Sonne umlaufen hat. Diese Bewegungen der Erde nennt der Mensch Zeit.

Wenn der Mensch eine große Anzahl an Erdumkreisungen um die Sonne erlebt hat, dann ist er der Überzeugung, dass er alt geworden ist, weil die Jahre, wie er die Umkreisungen der Erde bezeichnet, das Alter bestimmen. Das Welken des Erdenkleides wird vom Naturgesetz bestimmt.

Die feinstofflichen Welten, die geistigen Gestirne, kennen keine Schatten. Sie sind durchstrahlt und daher von innen heraus leuchtend. Das heißt, sie werden nicht *an*gestrahlt wie die materiellen Welten, sondern *durch*strahlt von der Urzentralsonne. Sie ist das geistige Zentralgestirn der Unendlichkeit, das alles durchstrahlt, so dass alle reinen feinstofflichen Formen, so auch die feinstofflichen Welten, selbsttätig leuchten. Daher gibt es im geistigen Sein, wie du schon gehört hast, keine Schatten und keine Nacht. Es wäre ein Irrtum, zu glauben, auch in der Unendlichkeit gäbe es Tag und Nacht, Raum und Zeit.

Der menschliche Körper ist dem Wechsel von Tag und Nacht unterworfen. Er fühlt sich nur dann wohl und von innen her jugendlich, wenn der Mensch erkennt, dass sein wahres Wesen kosmisch ist. Wenn er daraufhin die Gesetze Gottes erfüllt, dann wird er niemals alt. Sein inneres Wesen strahlt durch die welke Haut Jugendlichkeit aus. Sein Erdenkleid welkt wohl, weil es dem irdischen Naturgesetz untergeordnet ist, denn der Körper, die Materie, ist nur bedingt und für kurze Zeit lebensfähig; doch er altert nicht.

Du musst wissen, dass sich einst die Materie auflösen wird – dann, wenn das Niedere, das, was gegen das göttliche Gesetz ist, umgewandelt ist.

Die niederen Schwingungen – das niedere Ich – haben sich einst zu Materie verdichtet; sie wird sich durch die Kraft des Zentralgestirns, der Urzentralsonne, und durch die Erlöserkraft Christi auflösen, das heißt umwandeln. Negative, ungesetzmäßige Energie wird wieder hochschwingende energetische, kosmische, feinstoffliche Kraft werden.

Alt sein heißt: alte, menschliche Gedanken mit sich herumtragen und sich von ihnen zeichnen lassen. *Welken* bedeutet: Das Erdenkleid, das nur ein Mantel aus Fleisch und Bein ist, welkt und wird eines Tages abgelegt werden. Durch eine welke Haut kann die Geistigkeit strahlen, das innere Licht, das der Mensch auf seinem irdischen Lebensweg mehr und mehr vergrößert hat.

Eine sehr belastete Seele ist noch erdgebunden; sie haftet an äußeren Dingen und ist daher weltbezogen. Nach dem Leibestod wird eine solche Seele wieder in ein neues Erdenkleid, in einen neuen Mantel aus Fleisch und Bein, schlüpfen, weil ihr Haften an der Erde und ihre noch bestehenden Ursachen sie in diese Welt ziehen.

Hat sich die Seele jedoch herausentwickelt aus den Bindungen menschlicher Gedanken, Vorstellungen und Meinungen, dann ist sie zu innerer Jugend und Schönheit erwacht – und die innere Lichtgestalt strahlt nach außen. Eine solche Seele wird nicht mehr in das Fleisch gehen, sondern in das Reich Gottes zurückkehren; dort ist die Heimat aller Wesen, auch die deine.

Alt ist also jener Mensch, der in seiner geistigen Entwicklung stehengeblieben ist, der sein Denken und Leben auf die Speicherungen seines Gehirns aufgebaut hat und glaubt, dies sei sein Leben. Du hast gehört: Das Gehirn soll jedoch ein Speicher für das sein, was das Geistwesen im Erdenkleid benötigt, und nicht allein für das, was der Mensch sich vorstellt.

Den Speicher, das Gehirn, nur mit menschlichen Daten zu programmieren, ist menschlich und nicht geistig. Solche Menschen sind im Alter alt und auch gebrechlich. So gebrechlich wie der Körper ist auch das Gehirn: unflexibel und vergesslich. Solche Menschen können im Alter kindisch werden, weil sie nur noch in ihrer Vergangenheit leben und darüber reden; dabei verlieren sie den Bezug zur Realität, zum gegenwärtigen Leben. Ihr abgelaufenes Leben ist für sie Gegenwart. Sie sehen es im Lichte ihrer Vorstellungen.

Da ihnen die inneren Werte, die innere Reife fehlen, werten sie ihr Äußeres auf und reden über ihre Leistungen, bringen aber – mit ihrem ständigen Denken an sich selbst – alles durcheinander.

Weil der »alte« Mensch immer und immer wieder Gespeichertes aus der Vergangenheit abruft und diese mit der Gegenwart vermischt, weiß er zuletzt nicht mehr so recht, was Vergangenheit und was Gegenwart ist. Er wertet sich mit allem auf, mit seinen Taten und mit seinem Leid; oder er spricht darüber, was er gelitten hat oder wie gut er war.

Erkenne: Auch das Sprechen über frühere Leiden kann Selbstaufwertung sein. Dadurch möchte der Mensch sich als Held darstellen, der die schwere Vergangenheit durchgestanden hat. In Wirklichkeit ist sie jedoch nicht überwunden. Denn wer immer wieder von der Vergangenheit spricht, um sich damit aufzuwerten oder um Mitleid zu erheischen, hat sie nicht überwunden. Er lebt im Alter in seiner Vergangenheit und ist alt geworden, denn sein Bewusstsein ist dort stehengeblieben, wo sein Denken und Sinnen ist.

Du kennst nun den Unterschied zwischen Altern und Welken: Menschen, deren Körper welkt, können auch im Alter jung sein. Ihr Wesen ist heiter, und ihr geistiges Bewusstsein ist aktiv. Ihr Verstand ist wach und sprühend. Sie reagieren klar in Gesprächen und Situationen. Die innere, ewige Jugend, die lichte Seele, schimmert durch ihr Alter.

Solche Menschen strahlen trotz des Welkens die innere Schönheit und innere Werte aus. Die inneren Werte sind die inneren Kräfte; sie fließen aus dem göttlichen Gesetz der Liebe, des Friedens und der Harmonie. Sie bewirken Vernunft, Verständnis, Toleranz und Wohlwollen allen Mitmenschen gegenüber.

Menschen des Geistes strahlen die inneren Werte durch die welkende Haut, durch einen vergeistigten Körper. Er hat der Seele als Mechanismus gedient, damit sie in den Erdenjahren, also im Wechsel von Tag und Nacht, das göttliche Bewusstsein entfalten konnte. Menschen, die ihr inneres Wesen zur Entfaltung gebracht haben, stehen in Kommunikation mit dem Inneren Helfer und Ratgeber, der inneren, ewigen Intelligenz, dem Impulsgeber Gott.

Hat sich die Seele mit dem kosmischen Bewusstsein geeint, dann ist sie wieder göttlich geworden: zum Absoluten Gesetz. Sie ist wieder das Geistwesen der Himmel.

Nicht dein Gehirn ist die Intelligenz in dir, sondern das kosmische Bewusstsein, dein wahres Selbst, das göttlich ist. Das Gehirn des Menschen soll der ewigen Intelligenz, Gott, als Instrument für diese Welt dienen. Dein reines, makelloses, lichtes Bewusstsein ist das Göttliche in dir. Es ist die Intelligenz, Gott, das göttliche Gesetz.

Wer aus seinem wahren Selbst zu schöpfen vermag, der ist weise und intelligent. Dem wahren Weisen, dem geistig Intelligenten, dient also sein Gehirn als Instrument, damit er das weiterzugeben vermag, was ihm der Impulsgeber, die Intelligenz, Gott, der Innere Helfer und Ratgeber, mitteilt.

Erkenne jedoch, dass Worte nur Symbole sind. Was die Unendlichkeit, das göttliche Gesetz, über das Gehirn im Wort zum Ausdruck bringt, liegt *im* Wort. Es ist der *Inhalt* des Wortes, nicht das Wort selbst. Daher wird der wahre Weise nicht am Buchstaben haften, sondern die Symbole, die Worte, aufschlüsseln und die Wahrheit, die unbegrenzt ist, *im* Wort finden.

Wer sich an das Wort bindet, weil er das Wort und die Aussage als solche als Maßstab nimmt, der ist an den Buchstaben gebunden und blind für die Wahrheit. Ein Vergleich: Er schaut nur auf die Kapsel, das Wort, und sucht und findet deshalb nicht den Inhalt der Kapsel: die Wahrheit. Der Inhalt der Kapsel, die Wahrheit, ist die gesetzmäßige Antwort und Lösung.

Will der Mensch seinen Nächsten kennen, wie er wirklich ist, und nicht, wie er sich gibt, dann muss er zuerst sich selbst kennenlernen. Wer nur auf das Äußere blickt und das Wort nimmt, wie es gesprochen ist, der kennt weder sich selbst noch seinen Nächsten, da er nicht hinter die Worte zu blicken vermag. Dadurch ist er an die Aussage des Wortes gebunden, denn er nahm nur das Wort und erkannte nicht seinen Sinn. Deshalb hält er nur das Wort selbst für die Wahrheit. Er blickt nur auf die Kapsel, auf das Wort.

Den Inhalt der Kapsel kann nur der erforschen, der sich selbst erforscht hat: Er erkennt seinen Nächsten in dessen Wort und in dessen Aussage, weil er sich selbst kennt. Wer also nur auf die Kapsel, auf das Wort, blickt, und nicht den Inhalt erforscht hat, der ist im Alter alt. Solche Menschen sprechen ein Leben lang nur von der Kapsel – ihrem äußeren Dasein – und kennen ihr wahres Selbst nicht. Sie haben deshalb ihr Erdendasein vergeudet.

Nach dem Leibestode wird die Seele wieder in einen Erdenkörper schlüpfen, in eine neue Kapsel. Und es wird ihr erneut die Möglichkeit gegeben, den Inhalt der Kapsel zu finden – ihr wahres Selbst.

Die Wiederverkörperung ist das Hineinschlüpfen in eine neue Kapsel der Seele, die aus all dem ehemaligen menschlichen Gut besteht, das noch nicht abgelegt ist.

Menschen, die ihres wahren Wesens nicht gewahr werden, weil sie an ihrem Leben vorbeileben, werden nur auf ihre Nächsten blicken und diese bewerten und abwerten; sie werden eines Tages erleben, dass ihr eingekapseltes Ich mit dem Hammer, der Schicksal heißt, aufgeschlagen wird. Der Hammer, das Schicksal, besteht aus den manifestierten Gedanken, Worten und Werken des Menschen. Der Hammer, das Schicksal, lässt sein Gewicht auf die Kapsel, das Ich, fallen. Was dann aufbricht, kann Not, Sorge, Krankheit, Unfall und anderes sein.

Ein Schicksal kann auch zwei Menschen zusammenführen, die miteinander eine Ursache geschaffen haben und die diese nun gemeinsam bewältigen sollen. Sie werden über die mittelbare Führung, die Planetenkonstellation und die Tagesenergie, zusammengeführt.

Jede Zusammenführung im Gesetz von Saat und Ernte beruht auf der Bindung zweier oder mehrerer Menschen. Die Bindung zweier oder mehrerer Menschen an eine Ursache kann auch Schicksalskarma genannt werden: Es muss von mehreren gemeinsam abgetragen werden, sofern sich der eine oder der andere nicht rechtzeitig davon gelöst hat durch ein Leben im Geiste Gottes, durch Vergebung und Bitte um Vergebung und, wenn es notwendig ist, durch Wiedergutmachung.

Wer sich nicht rechtzeitig auf sein wahres Wesen besinnt und nach der Erfüllung der göttlichen Gesetze trachtet, der wird seinem Schicksal, also dem, was er einst und jetzt verursacht hat, nicht entgehen.

Lieber Bruder, liebe Schwester, du hast also nicht nur die Chance, durch rechtzeitige Verwirklichung, durch Vergebung und durch Bitte um Vergebung deinem Schicksal zu entrinnen, das dich eventuell in deinen menschlichen Körper gezogen hat, sondern: Durch rechtzeitige Selbsterkenntnis, durch Verwirklichen und damit Auflösen der erkannten Ursachen ist es dir auch möglich, mit dem, was du schon überwunden und nur noch als Erinnerung in dir behalten hast, deinem Nächsten zu dienen und zu helfen, der in seinen Wirkungen lebt und Ähnliches zu überwinden hat wie einst du selbst.

Erkenne: Die wahren Weisen helfen selbstlos.

Wer sich selbst überwunden hat, denkt nicht mehr an sich selbst.

Der Weise hat durch Verwirklichung sein Ich, das Menschliche, abgelegt und schaut in das wahre Sein – und in die Worte der Menschen hinein und auch in die Dinge, die ihn umgeben. Er schaut und hört auch, was der nicht schaut und nicht hört, der nur auf das Wort blickt und nur das Wort erhorcht.

Der Weise schaut, was nicht zu sehen ist. Er hört, was nicht zu erhorchen ist; das Wort ist also nur Symbol: Wie der Mensch spricht, so ist er.

Wer nicht in die Worte hineinzuschauen vermag, bekommt oft ein falsches Bild von sich und seinem Nächsten. Der *Inhalt* des Wortes gibt das richtige Bild des Menschen, nicht seine Worte an sich. Wer den Menschen schaut, wie er ist, und nicht, wie er sich gibt, der schaut in die Worte des Menschen hinein und schaut im Wort des Menschen den Menschen so, wie er ist.

Jedes Wort ist zugleich Teil eines Bildes. Mehrere Worte ergeben zusammen das Bild. Wer also in die Kapsel, in das Wort und in die Worte, hineinzuschauen und zugleich hineinzuhören vermag, der schaut das ganze Bild und hört aus dem Bild das heraus, was der Mensch nicht ausspricht.

Wie der Mensch ist, das drückt er auch in seinem Äußeren aus: Farben und Formen seiner Kleidung, seine Gesten, seine Mimik, seine Gebärden, seine Haartracht und seine Schuhe, ebenfalls seine Gangart und seine Bewegungen sagen aus, was und wer er ist. – Wer richtig zu schauen und zu hören vermag, der geht nicht fehl.

Die Pubertät – Sturm und Drang der Sinne und Gefühle – Liebe auf den ersten Blick? – Triebe nicht verdrängen, sondern veredeln – Äußere oder innere Werte des Mannes und der Frau – Verliebtheit oder innere, selbstlose Liebe als Basis einer Partnerschaft – Falsches Rollenverhältnis – Mutter oder »Glucke« – Entscheidende Weichenstellung in der Pubertät

Liebe Schwester, lieber Bruder, du kommst nun in die Jahre oder bist schon darin, welche die Zeit der Pubertät genannt werden. Es ist die Entwicklung des Geschlechtlichen.

Ob Mädchen oder Junge, beide seid ihr in dieser Entwicklungsphase ungestüm und unbesonnen. Es ist die Sturm- und Drangzeit eures jungen Lebens.

Ein Vergleich mit der Natur soll diese inneren Vorgänge verdeutlichen: Die Entwicklung des jungen Menschen zum Erwachsenen kann mit dem Übergang vom Frühling zum Sommer verglichen werden.

Wenn der Sommer den Frühling verabschiedet, das heißt, wenn allmählich der Sommer ins Land zieht, dann kämpfen noch immer die Frühlingsstürme mit dem milden Sommerwind. Der Sommer wird sich jedoch durchsetzen, weil die Sonne am Himmel immer höher steigt.

Beim heranwachsenden Jugendlichen ist es ähnlich: Der junge Mensch wächst erst allmählich in das Leben des Erwachsenen hinein. Obwohl im jungen Menschen schon alle Merkmale des Mannes oder der Frau ausgereift scheinen und er sich dadurch schon erwachsen und reif fühlt, so steht er doch noch in der Übergangszeit vom Jugendlichen zum Erwachsenen. Jedoch möchte er nicht mehr als Kind oder als Jugendlicher angesehen und behandelt werden, sondern als erwachsener Mensch.

Weshalb ist gerade in der Pubertät der Wunsch so stark, erwachsen zu sein? Die Sinne und Gefühle des jungen Menschen sind noch im Sturm und Drang und kommen erst allmählich wieder in ein Gleichgewicht. Das bewirken die Hormone, die erst nach und nach die Steuerung übernehmen.

Du kannst das Einstimmen deiner Gefühls- und Sinneswelt auch mit dem Einstellen einer Antenne vergleichen: Erst wenn die Antenne präzise auf einen Sender eingestellt ist, kann auch das angeschlossene Gerät den Ton oder das Bild klar empfangen. Siehe, erst wenn deine Hormone in der rechten Harmonie zu deinen Gefühlen und Sinnen stehen, dann ist dein Geschlechtsleben so weit wie möglich – wie es dein mitgebrachtes Programm zulässt – ausgewogen. Du bist dann ein Mann oder eine Frau, und du stehst nicht mehr in dem Prozess des Werdens oder des Hineinreifens in das Erwachsenenalter. Du bist körperlich ausgereift, das heißt erwachsen.

Jetzt jedoch stehst du noch im Werden. Du bist noch in der Pubertät und entpuppst dich allmählich zur Frau oder zum Manne. In dieser Sturm- und Drangzeit glaubst du, alles besser zu wissen. Du wähnst dich klüger als die Schulkameraden, die Lehrer, die Eltern und Verwandten. Du fühlst dich erhaben und siehst auf andere Menschen herab. Du glaubst, sie würden vieles nicht im rechten Licht betrachten, weil sie es anders sehen als du, oder es in ihrem Leben anders halten, als du dir dein Leben vorstellst.

Das führt dazu, dass du wertest und bewertest. Das eine Mal verwirfst du, und dann erkennst du wieder etwas an, weil du glaubst, es sei richtig, da es mit deinem Denken und Fühlen übereinstimmt. Du hältst also *deinen* Maßstab für den einzig richtigen.

In dieser Phase der Entwicklung nimmst du auch überrascht wahr, dass sich die Sinnlichkeit intensiv bemerkbar macht. Der Junge drängt zum weiblichen Geschlecht und das Mädchen zum männlichen Geschlecht. Beide entdecken das andere Geschlecht. Der Junge entdeckt plötzlich am Mädchen die körperlichen Merkmale der Frau und das Mädchen am Jungen die Attribute des Mannes. Sinnliche Gefühle regen sich dabei, und Mädchen und Junge zieht es zueinander. Der Junge fühlt sich in der Gegenwart eines bestimmten Mädchens sehr wohl und umgekehrt das Mädchen in der Gegenwart eines bestimmten Jungen.

Liebe Schwester, lieber Bruder, du wirst diese Erfahrung z.B. bei einer Schul- oder Geburtstagsfeier machen

– immer dann, wenn mehrere Jungen und Mädchen beisammen sind. Du verstehst dich mit fast allen anderen Schulkameraden und Schulkameradinnen gut; doch *ein* Mädchen oder *ein* Junge findet in dir besondere Aufmerksamkeit.

Was ist geschehen? Ist das Liebe auf den ersten Blick? Prüfe dich! Stelle dir die Frage, *was* dir an dem Mädchen oder an dem Jungen gefällt.

Du hast gehört, dass es keine Zufälle gibt, dass alles Führung ist. Wenn dich als Junge ein Mädchen besonders anspricht, so liegen in dir entweder Erinnerungen oder Entsprechungen vor.

Die *Entsprechungen* erkennst du sehr rasch, wenn du deine Wünsche und Gedanken analysierst und die *Unterkommunikationen* überprüfst, das heißt die Empfindungen und Gefühle hinter den Gedanken oder den Symptomen deines Körpers. Auch dein Körper, der in der Entwicklungsphase ist, kann in geschlechtliche Erregung kommen, was dich dann eventuell zum Mädchen zieht.

Sind es nur äußere Aspekte, die dich erregen, so kannst du sicher sein, dass sich in dir eine Entsprechung bemerkbar macht. Das kann z.B. ein vorübergehendes Besitzenwollen des Körpers des Mädchens sein – also geschlechtliche Wünsche. Es kann auch das »Eroberungsfeuer« sein: Dies ist der Drang des Mannes, die Frau für sich zu erobern und sie zur Befriedigung seiner Wünsche zu besitzen. Oder deinem Begehren liegt der

Wunsch zugrunde, das Mädchen dem Rivalen wegzunehmen, einem ehemaligen Freund, auf den du nicht gut zu sprechen bist. Oder es können rein sinnliche Beweggründe vorliegen: Du möchtest z.B. das Mädchen verführen, um dich im Sinnlichen zu erproben.

Alle diese Aspekte kannst du dem Gesetz der Entsprechung zuordnen – das heißt, du willst etwas für dich persönlich, und hierfür möchtest du deinen Mitmenschen benutzen.

Bei dem Mädchen muss nicht Gleiches oder Ähnliches zugrunde liegen wie bei dir. Es kann sein, dass dieses Mädchen ähnliche Entsprechungen hat wie du, doch sie können sich auf einen anderen Menschen beziehen, nicht auf dich. Wenn dies der Fall ist, so reagiert das Mädchen zunächst nicht auf deine Wünsche.

Wenn du jedoch immer wieder deine Gedanken- und Wunschwellen zu ihr hinsendest, so können diese die in ihr liegenden Entsprechungen anregen, und das Mädchen gibt vielleicht schließlich deinen Wünschen nach. Auf diese Weise könntet ihr euch beide weiter belasten, je nachdem, was sich daraus ergibt.

Die Begegnung mit einer ähnlichen Schwingung, das heißt mit dem Mädchen, ließ deine Entsprechung aufwallen. Dies wollte dir zunächst nur sagen: Du sollst das, was du erkennst, eine Entsprechung, einen Fehler, rechtzeitig bereinigen, *bevor* du mit dem Menschen zusammentriffst, der durch gemeinsam geschaffene

Ursachen aus einem deiner Vorleben an dich gebunden ist.

Immer wird dir durch das göttliche Gesetz die Möglichkeit gegeben, deine Wünsche – die ja Begierden sind und sich an deinem Nächsten befriedigen wollen – rechtzeitig zu erkennen und allmählich zu überwinden.

Wenn du z.B. erkennst, dass das Mädchen auf deine Entsprechungen nicht reagiert – das heißt auf dein Werben, das Begierde ist –, dann lasse es nicht einfach stehen, weil du enttäuscht bist. Sprich auch nicht abfällig über sie. Das Mädchen war dir nur der Spiegel, in dem du dich erkennen solltest. Über dieses Mädchen zeigte dir dein Innerer Helfer und Ratgeber, was du bereinigen sollst – bevor eventuell eines deiner Schicksalsprogramme zuschlägt.

Denn ein *Schicksal* ist ein Komplex von gleich oder ähnlich schwingenden Empfindungen, Gedanken, Worten und Handlungen – ein Programm, das du dir selbst aufgestellt hast.

Übe dich also in der Ehrlichkeit und Ritterlichkeit, wenn deine Aufmerksamkeit auf ein Mädchen fällt. Gehe auf das Mädchen zu. Sprich es an, und nimm zugleich seine Strahlung auf: Bitte dein lichtes Bewusstsein, den Inneren Helfer und Ratgeber in dir, dass du die positive Strahlung des Mädchens aufnehmen kannst.

Ist es dem Inneren Helfer und Ratgeber möglich, deine Gehirnzellen zu erreichen, dann wird Er dich über deine Sinne – insbesondere über deinen Seh- und deinen Gehörsinn – die inneren Werte des Mädchens erkennen lassen: Du schaust plötzlich ihre Anmut oder hörst Worte und Sätze, die dich beeindrucken. Dadurch erhältst du ein ganz anderes Bild von dem Mädchen.

Ist es dem Inneren Helfer und Ratgeber, dem lichten Bewusstsein, möglich, dich unmittelbar zu führen, dann wird Er dir noch weitere liebenswerte Aspekte an und in ihr zeigen, die du dann mit deinen sinnlichen Wünschen nicht zerstören möchtest. Du fühlst dich plötzlich auf eine ganz andere Art zu dem Mädchen hingezogen. Die sinnlichen Gedanken wandeln sich in kameradschaftliche Gedanken und Gefühle – und du siehst in diesem Mädchen nun einen Menschen, mit dem du eventuell eine gute Freundschaft halten kannst.

Was ist geschehen? Dein Innerer Helfer und Ratgeber hat dir gezeigt, wie du dich in einer Situation verhalten sollst, in der dein Körper zur körperlichen Betätigung drängt, ohne dass eine innige, verbindende Liebe vorhanden ist.

Wenn jedoch das Mädchen auf dein körperliches Werben reagiert und dein Körper immer mehr drängt, dann frage dich, wie du es nun halten möchtest: Willst du deine Wünsche und Begierden zu der Leidenschaft werden lassen, die immer neue Opfer sucht?

Oder – um dich mit einem Bäumchen zu vergleichen – willst du dich veredeln und deine Triebe rechtzeitig abschneiden, ehe sie ausarten und dich in ein Triebleben treiben?

Oder willst du einem Tier gleichen, das sich in gewissen Zeitabständen befriedigen muss, zugleich jedoch auch zeugt?

Oder möchtest du ein Mann werden? Die Merkmale der Männlichkeit sind die gebende Liebe. Der Mann gibt selbstlos und empfängt auch selbstlos.

Die Entscheidung liegt bei dir!

Erkenne, lieber Bruder, liebe Schwester: Auch die Zeit der Pubertät ist wieder eine entscheidende Weichenstellung für euer irdisches Leben. In dieser Phase bestimmt ihr selbst die Art eures gegenwärtigen und zukünftigen irdischen Daseins: Jetzt könnt ihr die Sinne noch leichter in geistige Bahnen lenken, indem ihr mit dem Inneren Helfer und Ratgeber die Weichen für ein edles Leben stellt und damit auf eure geschlechtlichen Wünsche und auf eure Sinneswelt einwirkt.

Wisse: Die Sinne des Menschen gehorchen dem, der Gott gehorcht. Jedoch spielen sie mit dem Menschen, der ein Spielball der irdischen und astralen Kräfte ist, weil er sein Leben nicht in die Hand nimmt, sondern dem scheinbaren Zufall überlässt.

Das heißt nicht, dass du das geschlechtliche Leben aufgeben sollst. Du sollst das geschlechtliche Leben *veredeln*, um einmal deine Frau oder deinen Mann an- und aufnehmen zu können, um ihn oder sie von Herzen zu lieben.

Wer nicht gelernt hat, seine Gedanken zu ordnen, kann auch seine Worte nicht zügeln und seine Sinne nicht beherrschen. Ein solcher Mensch wird von seinen Leidenschaften getrieben und schafft dadurch immer neue Leiden. Das heißt: Wer sein irdisches Leben, sein Fühlen, Denken und Wollen, sein Reden und Handeln nicht unter Kontrolle hat, ist ein gejagter und gehetzter Mensch, der sich selbst nicht erkennt und zum Spielball irdischer und astraler Kräfte wird. Er gibt sich seinen Leidenschaften und Trieben hin und wird über seine Entsprechungen gesteuert. Er wird zum Instrument irdischer und astraler Kräfte, die sich durch ihn austoben.

Ich wiederhole: Du sollst deine sinnlichen Gefühle nicht verdrängen. Das wäre falsch. Denn alles Verdrängte drängt wieder zur Entladung. Es gilt, nicht zu verdrängen, sondern zu *verfeinern*.

Jede Seele, die schon wiederholt einverleibt war, bringt immer wieder Entsprechungen ihres ehemaligen menschlichen Sexuallebens mit. Daher wird der eine mehr, der andere weniger vom Sexualleben beeinflusst – entsprechend den mitgebrachten Belastungen. Der Geist Gottes gibt jedoch jedem Menschen die Möglichkeit, diese Triebe rechtzeitig zu veredeln.

Oftmals wird ein Bäumchen veredelt, bevor es seine Früchte bringt. Das bedeutet, auf dich übertragen: Bevor du Mann oder Frau wirst, solltest du dein Sexualleben veredeln. In der Jugend geht das leichter als im Erwachsenenalter. Denn in der Jugend hat sich das

Sexualleben noch nicht verstärkt durch langjährige Betätigung.

Wird den sexuellen Wünschen lange nicht Einhalt geboten, dann werden sie zu Leidenschaften. Leidenschaften aber haben weitere Leidenschaften zur Folge: z.B. Völlerei, Trunksucht, Habgier und vieles mehr. Das gilt sowohl bei Jungen als auch bei Mädchen.

Auch dem Mädchen ist es geboten, mit Achtsamkeit zu ergründen, warum seine Gefühle und Sinne zum Jungen ziehen – welche Gedanken und Wünsche dahinter liegen. Auch das Mädchen sollte im Jungen die inneren Werte suchen und finden und diese in ihr Inneres aufnehmen, in ihr lichtes Bewusstsein. Was dann der Innere Helfer und Ratgeber signalisiert, sollte befolgt werden. Dadurch wird das junge Bäumchen rechtzeitig veredelt – und später wird die Krone nicht von vielen dicken Seitentrieben überwuchert, die dem Baum Energie entziehen und ihn die Früchte nicht tragen lassen, die seiner Art entsprechen.

Veredeln der Sinne heißt: Beschäftige dich nicht ständig mit dem, was die Sinne wollen. Die Sinnlichkeit zeigt sich in einer körperlichen Erregung, sowohl beim Mann als auch bei der Frau. Wenn der Erregte nun in Gedanken entsprechende Sexualbilder malt, dann verstärkt er die sinnliche Erregung, und er will seine Gedankenbilder erleben.

Wenn der Mensch dagegen in der sinnlichen Erregung ein Gedankenbild malt, das den Partner mit Licht und Schönheit umgibt, das ihn als reines Gefäß darstellt und ihn als Edelstein erkennen lässt oder als ein schönes, feines Porzellangefäß, dann wird ihm dieses Gedankenbild signalisieren, dass er sich auch entsprechend verhalten soll. Er sieht also ein Kind Gottes vor sich, in welchem der Edelstein, Gott, strahlt. Wie soll er ihm begegnen? Leidenschaftlich, begehrend – oder so, wie man feines, strahlendes Porzellan behandelt?

Du hörst und liest immer wieder, dass die Seele im Menschen auf der Erde ist, um sich zu reinigen, damit sie wieder ein Kind der Himmel wird, ein Sohn oder eine Tochter Gottes.

Das Gesetz Gottes lautet: Der Mann soll beim körperlichen Zusammensein nur dann seine Manneskraft fließen lassen, wenn sich sowohl der Mann als auch die Frau ein Kind wünschen.

Die Manneskraft wird dann nicht fließen, wenn sowohl der Mann als auch die Frau einander in Liebe umfangen und beide nicht ihren Körper abreagieren, sondern sich in Gott vereinigen wollen. Wenn beide ihre Empfindungen und Gedanken zu Gott erheben, dann wird das Sexuelle nicht Druck und Drang sein. Dann ist die körperliche Verbindung ein Sich-einander-Schenken und nicht ein gegenseitiges Sich-Aufreizen, bis die Sinne ihren Höhepunkt erreicht haben. Dann haben beide nicht den Wunsch nach dem Höhenflug der Sinnesreize; sie haben die Kraft, die Vereinigung ohne Aufpeitschung der Sinne in Verbundenheit und im glücklichen Miteinander ausklingen zu lassen.

Diese körperliche Vereinigung ist nicht ungesetzmäßig; sie ist jedoch noch lange nicht das Einssein aller Zellen des Körpers und aller Partikel der Seele in Gott. Erst wenn dies erreicht ist, dann ruhen beide Partner in Gottes Liebe und schenken einander die selbstlose Liebe aus Gott.

Wenn alle Ursachen getilgt sind, welche die Seele aus Vorinkarnationen mitgebracht hat, einschließlich der Sinnlichkeit, ist der Drang und der Druck nach menschlicher Vereinigung überwunden. Mann und Frau finden dann nur noch in der feinen, edlen gemeinsamen Strahlung körperlich zusammen. Das heißt, die Körper vereinigen sich nur dann, wenn beide ein Kind wünschen.

Die Erfüllung jenes Gebotes aus Gott ist nur dann möglich, wenn die Seelenbelastungen hinsichtlich der Sexualität weitgehend aufgehoben sind und die Sinne des Mannes und der Frau in Gott ruhen und ihnen gehorchen – wenn also ihr Denken und Leben auf Gott, die selbstlose Liebe, ausgerichtet ist.

Die noch vorhandene Sexualität oder Sinnlichkeit sollte sich dahingehend veredeln, dass der Mann und die Frau Gottes Gebote erfüllen. Du hast richtig gehört: die selbstlose Liebe zwischen Mann und Frau macht sie zu wahren Liebenden, die einander Vertrauen schenken, die einander alles anvertrauen können und dadurch füreinander offen sind. Sie haben keine Geheimnisse voreinander.

Wenn du als werdender junger Mann ein Mädchen zu deiner Geliebten erwählst, dann frage dich, was du an der werdenden Frau als liebenswert erkennst. Sehr schnell täuschen dir deine Sinne etwas vor, insbesondere dann, wenn deine Nerven zur Entspannung drängen. Das gleiche gilt für die werdende Frau.

Auch das Mädchen sollte prüfen, ob der, der um sie wirbt, nur auf die äußeren Reize blickt oder tiefer schaut, nämlich auf die inneren Werte. Die äußeren Reize können beim Mädchen eine glatte, jugendliche Haut sein, ein hübsches Gesicht, eine ansprechende Figur oder auch Vermögen. Beim Mann können die äußeren Reize ein gutes Aussehen und ein forsches Auftreten sein, ebenso sein Beruf, sein Vermögen und sein Fahrzeug.

All das und sicher noch einiges mehr bietet äußere Annehmlichkeiten und Reize. Wo diese angestrebt oder gar geheiratet werden, ist in vielen Fällen die Partnerschaft oder Ehe auf Sand gebaut. Wenn es von Herz zu Herz nicht stimmt, dann werden diese äußeren Reize und Vorzüge sehr bald zweitrangig sein. Sie sind zwar noch da, doch es fehlt die Verständigungsebene, das Einander-Verstehen. Die äußeren Annehmlichkeiten werden später als Selbstverständlichkeit angesehen, auf die man nicht verzichten will. Doch: Was nützen all die äußeren Annehmlichkeiten, wenn sich zwei Menschen nicht mehr verstehen?

Äußere Annehmlichkeiten sind in vielen Fällen das einzige Band, das eine Ehe oder Partnerschaft noch zusammenhält, weil man sich das äußere Leben weiterhin so angenehm wie möglich machen möchte. Das Innenleben, das den Einzelnen erst zu einem edlen, feinen Menschen macht, kann dann jedoch nicht mehr entwickelt werden.

Die inneren Werte entströmen der inneren selbstlosen Liebe, die nichts erwartet – die sich schenkt.

Die inneren Werte eines Mannes sind Standfestigkeit, Treue, Vertrauen, Offenheit, Fürsorglichkeit, Geradlinigkeit. Der Mann, der wahrhaftig liebt, ist der Beschützende, bei dem sich die Frau geborgen fühlt.

Das Vertrauen ist ein wichtiger Teil der inneren Werte. Hat der Mann das volle Vertrauen seiner Frau und die Frau das volle Vertrauen ihres Mannes, dann ist der Mann auf seine Frau oder auf einen anderen Mann nicht eifersüchtig. Und die Frau wird auf ihren Mann nicht eifersüchtig sein und auch nicht auf eine andere Frau. Die Frau traut ihrem Mann, und der Mann traut seiner Frau. Vertrauen bedeutet: Ich traue ihr. Ich traue ihm.

Die Frau ist sich der Treue des Mannes sicher und der Mann der Treue seiner Frau. Aus dem Vertrauen wächst die Freiheit: ein Miteinander – und nicht ein

Nebeneinander oder gar ein gegenseitiges Sich-Anlehnen. Aus der gegenseitigen Offenheit heraus werden sowohl der Mann als auch die Frau nur Rechtschaffenes tun. Die Frau z.B. traut ihrem Mann, wenn er ohne sie das Haus verlässt, wenn er zu Besprechungen geht, Geschäfte abwickelt, beruflich unterwegs ist oder am Abend Freunde oder Vorträge besucht. Wenn es ihr möglich ist, wird sie ihn begleiten – und wenn sie zu Hause bleibt, weiß sie sich seiner sicher. Umgekehrt ist es ebenso.

Die inneren Werte der Frau sind Offenheit, Geradlinigkeit, Ehrlichkeit, Treue, Anmut und Schönheit.

Schönheit sollte nicht mit Hübschsein verwechselt werden: Das Hübschsein ist ein äußerer »Anflug« des jugendlichen Körpers. Die Schönheit ist die Strahlung der lichten Seele. Diese drückt sich, wie schon offenbart, in Anmut aus, in harmonischen Bewegungen des Körpers, in einer ausgewogenen Sprache, in einer harmonischen Gestik, in der Sanftmut und im Verständnis.

Die inneren Werte wirken nicht auf die Sexualtriebe. Sie strahlen in das lichte Bewusstsein des selbstlos Liebenden, der auf die inneren Werte achtet.

Nach der Pubertät gehört zu den inneren Werten des Mädchens auch die Fraulichkeit. Fraulichkeit kennzeichnet nicht das «Weib», das aufreizende oder das zänkische. Fraulichkeit ist auch nicht das Gluckenhafte, das nur die eigenen Küken bewacht und nur sie im Auge behält.

Liebe Schwester, ich möchte dir den Unterschied zwischen der Frau und dem »Weib« erklären:

Eine Frau ist souverän. Sie weiß, dass ihr Mann ein Sohn Gottes und sie eine Tochter Gottes ist.

Eine Frau mit entfalteten inneren Werten stellt ihre äußeren Reize nicht zur Schau. Sie kleidet sich harmonisch, jedoch nicht aufreizend. Sie behängt sich nicht mit Schmuck – sondern sie wählt einzelne dezente Schmuckstücke. Sie ist freundlich, doch zurückhaltend und ihrem Partner eine angenehme Partnerin.

Menschen, die innere Werte haben, strahlen diese auch aus. Wer dafür einen Blick hat, sieht diese aus der Gesamterscheinung strahlen. Das Wesen eines solchen Menschen ist angenehm. Er will nicht im Mittelpunkt stehen und sich auch nicht darstellen. Er ist so, wie er ist – er selbst.

Eine Frau mit inneren Werten hat ein gewinnendes Äußeres. Das Innere ist das Fluidum ihrer Erscheinung. Sie spielt sich nicht auf. Das heißt: Sie ist nicht emotional. Ihr Wesen und Gebaren sind Harmonie und Ausdruck innerer Schönheit. Die Frau mit inneren Werten liebt ihren Mann; sie ist nicht verliebt.

Verliebtsein geht oft sehr rasch zu Ende. Die Verliebten sind meist in die äußeren Merkmale verliebt. Wenn nicht die selbstlose Liebe, die inneren Werte, sie verbinden, dann sind diese Reize bald ausgekostet, und die äußere Liebe wird schal.

Ähnlich wie bei der Frau verhält es sich auch beim Manne. Auch seine inneren Werte bewirken ein angenehmes, zurückhaltendes Äußeres. Seine Offenheit und Geradlinigkeit strahlt Männlichkeit und Ehrlichkeit aus, die er jedoch nicht in der Sexualität einsetzt, sondern in der Familie als Mann und Vater, am Arbeitsplatz und in allen Bereichen des Lebens, in denen er sich freiwillig einbringt.

Die Basis für das Vertrauen ist die innere Liebe. Kann die Frau ihrem Manne trauen und er ihr auch, dann sind beide miteinander vertraut; dann wächst die Liebe, die sie von innen her eint, die sie *ver*bindet – nicht jedoch bindet. Selbstlose Liebe ist das Band des Vertrauens, der Verbundenheit.

Verliebtsein ist ein Aufflammen von Gefühlen, die von äußeren Merkmalen ausgelöst werden. In vielen Fällen bedeutet Verliebtsein Bindung. Wer nur auf Äußerliches Wert legt, ist auch daran gebunden.

Reize binden. Sie sind etwas Aufgesetztes und Gekünsteltes. Sie kommen nicht aus der inneren Freiheit, von Gott. Wer sich in die Reize verliebt, also in äußerliche Werte, gerät auch sehr rasch in Eifersucht. Eifersucht ist immer intolerant und schafft Bindungen. Aus dem Gebundensein wächst die Abhängigkeit. Die Folge ist dann Streit.

Eine Partnerschaft oder Ehe, die aus ehemaligem Verliebtsein und Gewohnheit besteht, in der Verschlossenheit und Misstrauen herrschen, zeitigt mancherlei

Auswüchse. Einst waren beide ineinander verliebt. Diese Verliebtheit jedoch wandelte sich in einen offenen oder hinterhältigen Kampf, der häufig mit Wortgefechten und Tätlichkeiten ausgetragen wird.

Du kannst davon ausgehen: Wer sich als Frau oder Mann nur an äußere Werte bindet, wer sich in diese verliebt, der besitzt diese selbst nicht. Er möchte sich mit den äußeren Werten seines Nächsten schmücken. In Wirklichkeit möchte er durch diese leben, indem er sich mit den Werten seines Partners aufwertet.

Die Aussage »Du gehörst mir, und ich gehöre dir«, bedeutet, dass der Körper des Partners auch dem gehört, der sich in dessen körperliche Merkmale verliebt hat und dass er davon Gebrauch machen darf. Auf diese Weise wird in vielen Fällen die Frau zum Besitz des Mannes und der Mann zum Besitz der Frau.

Das Besitzenwollen bringt beim Manne – wie auch bei der Frau – das »Weibische« hervor: Das Weib lehnt sich an den Mann an. Sie ist zänkisch, eifersüchtig, streitsüchtig und ängstlich, denn sie denkt, der Mann könnte sie betrügen oder gar verlassen.

Das Weib meldet seinen Besitzanspruch an, etwa mit den Wünschen: »Du bist mein Mann. Deshalb hast du diese und jene Pflichten zu erfüllen!«

Sie übt Zwang aus, damit ihr Nächster, ihr Mann, das tut, von dem sie glaubt, dass es richtig sei. Sie ist eifersüchtig auf ihren Mann und auf das weibliche Geschlecht. Sie lauert ständig, ob ihr Mann sie nicht doch betrügt. Dadurch spricht sie ihm das Vertrauen ab. Sie ist auch der Ansicht, der Mann hätte Gedanken, zu denen sie keinen Zugang hat.

Ähnlich wie bei der Frau ist es auch beim Manne; daraus geht bei ihm das Weibische hervor. Der weibische Mann ist ein Mensch männlichen Geschlechtes, der sich an seine Frau anlehnt und ihr infolgedessen auch keine Sicherheit bietet. Er hält nach dem weiblichen Geschlecht Ausschau und versucht, durch die äußeren Werte der Frau zu leben, das heißt, sich damit aufzuwerten.

Die für ihn anziehenden Werte der Frau können sein: Standhaftigkeit, die er nicht besitzt, Sicherheit, die ihm fehlt, berufliche Qualitäten, die er nicht erworben hat, oder Vermögenswerte, an die er sich klammert.

Das und manches mehr zeichnet den weibischen Mann, der seine Frau oft in größte Schwierigkeiten bringt – denn sie ist von Natur aus die Empfangende und wird durch den weibischen Mann in die Rolle der Gebenden gedrängt.

Das entspricht nicht mehr dem gesetzmäßigen Geben und Empfangen. Die Frau kann auf diese Weise nicht Frau sein oder werden – und der Mann kann nicht Mann sein, das gebende Prinzip, und auch nicht Mann werden.

Auf der Erde, in eurer Welt, sollte deshalb wieder zwischen Mann und Frau der Gleichklang der Kräfte hergestellt werden. Der Mann sollte wieder das beschützende, gebende und behütende Prinzip sein, auf das die Frau vertrauensvoll zu blicken vermag. Dann weiß sie sich geborgen und bewahrt.

Die Frau muss ebenfalls wieder das empfangende, bewahrende Prinzip werden, das dem Manne Vertrauen schenkt und das sich bei ihm geborgen fühlt.

Sind die Kräfte zwischen Mann und Frau im Gleichklang, also in Harmonie, dann lieben sich beide. Sie sind dann nicht Verliebte, die sich nach kurzem Zusammensein bekämpfen, da jeder sein Ich durch den anderen leben und sich damit aufwerten möchte.

Lieber Bruder, liebe Schwester, achte also darauf, dass du, der Junge, ein Mann und du, das Mädchen, eine Frau wirst – beide mit inneren Werten.

Nicht jede Frau wird Mutter. Oft liegen hierfür tiefere Gründe vor. Sie können rein geistiger Natur sein oder durch das Gesetz von Saat und Ernte bestimmt werden.

Eine Frau wird dann Mutter, wenn sie dies selbst in das kosmische Gesetz eingegeben hat, entweder durch ihre geistige Berufung auf Erden oder durch das Gesetz von Saat und Ernte. Geistige Berufung heißt: Der Mensch hat auf Erden einen geistigen Auftrag zu erfüllen. Auch dieser Mensch kann sich belasten. Dann zieht er – je nachdem, wie seine Seele entwickelt ist – eine lichte oder eine dunkle Seele an, so, wie er es durch sein Denken und Leben in das Gesetz eingibt.

Du hast schon über die Seelen gelesen, die im Auftrag Gottes stehen. Für diese Wesen gelten andere geistige Kriterien als für jene Seelen, die Gott, die ewige Intelligenz, verlassen haben und sich dadurch gegen Ihn, gegen Gott also, gestellt haben und stellen.

Wer in früheren Erdenleben viele Ursachen geschaffen hat, dessen Seele zieht wieder diejenigen Seelen an, an die er durch ehemalige gemeinsame Fehler gebunden ist.

Erkenne: Mit jedem menschlichen, also ungöttlichen Gedanken bist du gegen Gott, gegen Sein ewiges Gesetz, und baust im Gesetz von Saat und Ernte an deinem eigenen Schicksalsgebäude.

Wer sich z.B. in den Vorleben gegen ein werdendes Kind versündigt hat, kann unter Umständen in diesem Leben kein Kind erhalten oder nur ein Kind empfangen, jedoch nicht mehrere. Oder in eine Familie wird ein Kind hineingeboren, an dem schon die Ursachen deutlich werden, welche die Familie als Wirkung in einem gemeinsamen Karma zu tragen hat.

Das sind nur allgemeine Hinweise. Denn wisse: Das Gesetz von Saat und Ernte, das Kausalgesetz, besteht aus unzähligen, miteinander verwobenen karmischen Fäden. Es ist mit einem mächtigen, sehr feinmaschigen Netz zu vergleichen.

Wie ist eine gute Mutter, auf die der Ausdruck *Mütterlichkeit* zutrifft? Es ist die Frau und Mutter, die ihrem

Manne Frau bleibt und ihren Kindern eine gute Mutter ist – die sie nicht verwöhnt, sondern für sie sorgt. Eine gute Mutter macht ihre Kinder nicht von sich abhängig, sondern erzieht sie zu Selbständigkeit und innerer Freiheit.

Es gibt auch die Mutter, die eine »*Glucke*« ist, weil sie ihre Kinder beständig »begluckt«, das heißt: Sie will ihnen ihre Erfahrungen und Vorstellungen aufdrängen und sie nicht freilassen. Ihre Kinder nehmen das an, was die Mutter für gut und richtig hält; sie sammeln deshalb keine eigenen Erfahrungen. Das mag eine Zeitlang gutgehen. Doch dann brechen die Kinder aus, weil sie, dem ewigen Gesetz entsprechend, selbständige, freie Wesen sein wollen.

Eine solche Mutter kann ihre Kinder nicht in das Leben hineinführen. Sie erfahren nicht die rechte Lebensweise, und es kann zwischen ihr und den Kindern kein geschwisterliches Band entstehen. Mit diesem Band meine ich, dass Vater und Mutter ihrem Kind oder ihren Kindern Freunde und Kameraden sein sollen, aber nicht Diktatoren, die ihre Kinder autoritär erziehen.

Wenn eine Mutter ihr Kind als ihr Eigentum betrachtet und ihm ihre Gedanken und Lebensgewohnheiten aufzwingt, dann ist dies nicht mütterlich, sondern gluckenhaft: Sie füttert ihr Kind mit ihren eigenen Vorstellungen und Meinungen, die sie für allein richtig hält.

Wenn der Vater ähnlich gluckenhaft ist, dann erkennen beide nicht das freigeborene Wesen in ihrem Kind an. Sie wollen es mit Haut und Haar für sich selbst besitzen – das heißt sowohl das Innere als auch das Äußere, die Seele und den Körper – und das Wesen, ihr Kind, so schmieden, wie sie es für richtig und gut halten, nicht, wie es das Gesetz Gottes möchte.

Erkenne: Sowohl der Vater als auch die Mutter übernehmen bei der Zeugung eines Kindes eine große *Verantwortung* für die ankommende Seele und für die Hülle, den materiellen Körper.

Wer sich dessen bewusst ist, der wird schon der ankommenden Seele Achtung entgegenbringen und dem werdenden Körper, dem Embryo im Leibe der Mutter, das vermitteln, was Seele und Kind benötigen: gute, harmonische, ausgewogene Gedanken und Worte und ein entsprechendes Verhalten. Das sind Kräfte, die der werdende Embryo aufnimmt.

Wer sein eigenes Leben gewissenhaft lebt, der wird für sein werdendes Kind und für das Neugeborene das Beste wünschen und auch entsprechend denken und handeln. Deshalb sollte der Mensch seine Sexualwünsche überdenken. Denn rasch ist ein Kind gezeugt. Wird dann das Kind von den Eltern nur bedingt angenommen, dann schaffen beide neue Ursachen.

Ist eine Frau Mutter geworden, dann sollte sie trotz ihrer mütterlichen Pflichten ihrem Manne weiterhin die anmutige, liebenswerte und gutaussehende Frau bleiben, jedoch sich nicht zur Glucke entwickeln und damit

ihre innere Schönheit durch die »Mutterpflichten« über-
decken.

Liebe Schwester, lieber Bruder, in der Pubertät trägst
du die Entscheidung in den Händen, wie dein weiteres
Leben verlaufen wird. Daher offenbare ich, dass in
den Jahren der Pubertät die wesentliche Weichenstellung sein kann für dieses Erdenleben – und für weitere
Inkarnationen! Geht eine Seele nicht mehr zur Inkarna-
tion, dann ist dieses irdische Leben auch eine Weichenstellung für die Weiterentwicklung der Seele in den
feinstofflichen Welten, in denen sie ohne materiellen
Körper lebt.

Sowohl dem Jungen, dem werdenden Manne, als
auch dem Mädchen, der werdenden Frau, gebe ich
nun Hinweise, wie sie ihr Leben in diesem Abschnitt
ihres Erdendaseins gestalten können, um es in freie
und gesetzmäßige Bahnen lenken zu können:

Das *Tagebuch* ist auch in der Pubertätszeit von Bedeutung und gibt auch dann Aufschlüsse, wenn du
der Pubertätszeit entwachsen bist, du dich im Beruf
bewähren musst und eine Familie gründest. Wenn deine
Eltern schon ein Erkenntnisbuch über dich, ihr Kind,
geführt haben und darin sorgfältig das Für und Wider
deines Verhaltens aufzeichneten – auch ihre eigenen
Reaktionen dir gegenüber, dem eingeschüchterten oder
zornigen Kind, festhielten –, dann lässt sich daraus vieles
ableiten, was nun in der Pubertät geschieht. So zum

Beispiel können sexuelle Ausbrüche oder starke Aggressionen des Jugendlichen ihre Ursachen in der Kinderzeit haben.

Wurden in den Kinderjahren mehr *Verbote* als *Gebote* ausgesprochen, dann hat das Kind unter Umständen viel verdrängt, aus Angst, die Eltern könnten es schelten oder gar schlagen. Solche unterdrückten Ängste können sich gerade in der Pubertät als Sexualschübe oder Aggressionen auswirken.

Aus einem Erkenntnisbuch kann unter Umständen ersehen werden, weshalb der Jugendliche sich jetzt so und nicht anders verhält. Es ist auch möglich, dass die Eltern auf Grund des Erkenntnisbuches und der Schwierigkeiten ihres Kindes in der Pubertät ihr eigenes Fehlverhalten erkennen. Können nun die Eltern mit dem Jugendlichen hierüber sprechen, so könnte über ihre Bitte um Vergebung und durch Verständnis manches bewältigt werden, was dem jungen Menschen in der Pubertät Schwierigkeiten bereitet.

Liegt kein Erkenntnisbuch vor, dann wäre es gut, wenn du, lieber Bruder, und du, liebe Schwester, alles, was dich stark erregt oder was in dir Aggressionen oder Depressionen hervorruft, in einem Tagebuch festhältst. In dem Tagebuch – das sagt schon der Name – kannst du täglich festhalten, was dich besonders ergriffen oder erfasst hat.

Wenn du immer wieder gleiche oder ähnliche Schwierigkeiten hast, wenn also immer wieder gleiche oder ähnliche Gedanken, Aggressionen, Depressionen oder Ängste auftreten, so frage dich, was diese Verstimmungen ausgelöst hat: welche Gedanken du kurz zuvor hattest oder welche Ereignisse dazu führten. Deine Erkenntnisse halte in deinem Tagebuch fest – wenn es dir möglich ist, mit Datum und Uhrzeit.

Du hast schon gehört: Wenn z.B. Aggressionen oder Depressionen auftreten oder dich Angstzustände heimsuchen oder wenn sich intensive Sexualwünsche in dir melden, dann lief vorher in deinen Gedanken oder über deine Sinne einiges ab. Das heißt, du trägst die verschiedenen Entsprechungen in dir, welche diese Gemütsaufwallungen hervorrufen. Wenn du dich dann mit deinen Gedanken – bei einer Beschäftigung oder bei der Betrachtung bestimmter Dinge – gleichen oder ähnlichen Gedankenkomplexen näherst, dann beginnen die Entsprechungen in dir mit den Gedankenkomplexen, die um dich oder in der Atmosphäre sind, zu kommunizieren. Diese bewirken in dir die Angstzustände, Depressionen, Aggressionen oder intensive Sexualwünsche.

Auch bestimmte Körperbewegungen, ein Gegenstand, der dich an bestimmte Begebenheiten erinnert, oder auch Menschen oder Bilder können diese Energiefelder anstoßen. Dadurch entsteht ein Energiefluss – ich nenne das auch Kommunikation –, der dann die Entsprechungen in dir stärker in Wallung bringt, wie ich es schon geschildert habe.

Hast du solche, immer wiederkehrenden gleichen Zustände oder Umstände in deinem Tagebuch festgehalten, auch mit der Uhrzeit, dann lässt es sich leichter rekonstruieren, wodurch derartige Zustände hervorgerufen werden können.

Du weißt, in allem liegt die Antwort und die Lösung! Hast du erkannt, wodurch diese Erscheinungen ausgelöst werden, dann kannst du auch die entsprechende Antwort und Lösung finden.

Hast du die Wurzel deiner menschlichen Ausbrüche erkannt und bereinigt, dann halte auch dies in deinem Tagebuch fest. Schreibe auf, wie du z.B. deine Aggressionen oder Depressionen überwunden hast, wie du also davon frei geworden bist und welche Folgen das für dich hatte.

Sowohl das Positive als auch das Negative in deinem Tagebuch dient dir zur weiteren Selbsterkenntnis – und zum Aufbau und zur Reife deines Inneren. Kommst du wieder einmal in ähnliche Situationen, dann hilft dir dein Tagebuch. Das Tagebuch ist dir ein guter Begleiter: Gleich, welche Situationen eintreten, du kannst immer wieder in diesen Aufzeichnungen nachlesen.

Dein Tagebuch wird dir auch Impulse geben, über welche du dich mit deinem Inneren Helfer und Ratgeber in Verbindung setzen kannst. Oft schlägt der Intellekt Kapriolen, und der Mensch findet deshalb keinen Zugang mehr zu seinem Inneren. Die Notizen im Tagebuch können dich sodann wieder zu dem Helfer und Ratgeber in dir führen. Wenn du aufmerksam darin liest und dich an dem schon Überwundenen freust, an dem, was in dir schon göttlich geworden ist, dann wirst du ruhiger und sicherer und kannst einer neuen Situation gelassen entgegentreten. In der Ruhe gewinnst du wieder Kontakt mit deinem Inneren Helfer und Ratgeber, der dir stets beistehen möchte.

Wende dich niemals von deinen Eltern ab. Bemühe dich, dass ihr gute Freunde und Kameraden werdet! Pflege in allem die Offenheit. Dann kannst du über alles sprechen, über Freude und über Schwierigkeiten – und deine Eltern werden es dann auch tun. Das verbindet euch und schenkt Kraft für ein gemeinschaftliches, kameradschaftliches irdisches Leben.

Lieber Bruder, liebe Schwester, allmählich geht die Pubertätszeit zu Ende. Dein Gemüt wird dann stetiger, denn du hast nun die Sturm- und Drangzeit weitgehend überwunden. Ab und zu klingt sie noch an. Doch du weißt, wenn der Sommer dem Frühling die Hand reicht, dann gibt es immer noch kühle Schauer, obwohl Felder und Wälder schon grünen.

Hast du schon deinen Schulabschluss hinter dir? Bist du noch im Studium? Oder stehst du schon mitten im Berufsleben? – Jeden führt der Innere Helfer und Ratgeber entsprechend seinen Fähigkeiten, Talenten und Qualitäten. Jeder gesetzmäßige Beruf ist wichtig für das Wohl vieler Menschen.

Das Berufsleben – Einstellung zu Arbeit und Lohn – Es gibt keinen Zufall, auch nicht am Arbeitsplatz – Kollegen und das Gesetz der Entsprechung – Die Polarität – Der Stein der Weisen – Werde unpersönlich und weise!

Dein Beruf kann auch eine *Berufung* sein – wenn du dich von dem Inneren Helfer und Ratgeber hast führen lassen. Er macht mit dir keine Umwege. Er kennt dich, Sein Kind, und weiß, was du als Mensch benötigst. Er weiß auch, welchen Beruf du wählen solltest, der deinen Eignungen entspricht und an dem du Freude haben könntest.

Der Geist Gottes in dir, die ewige Intelligenz, ist bestrebt, dich unmittelbar zu führen. Er kann es dann, wenn du die Tagesimpulse beachtest, den Tag bewusst lebst und in Verbindung mit dem Göttlichen in dir bleibst.

Wenn du dich jedoch lange Zeit mit deinen eigenen Problemen und Schwierigkeiten aufhältst oder dich mit Dingen beschäftigst, die dich nicht betreffen, z.B. mit dem Verhalten deiner Mitmenschen, und dich fragst, wie sie wohl über dich denken oder sprechen könnten – dann wendest du dich vom Inneren Helfer und Ratgeber ab. Ein solches menschliches Verhalten zerstreut dich und macht dich zum Sklaven deines eigenen Ichs. Du denkst immer wieder über dasselbe nach und kannst daher die Impulse des Göttlichen in dir nicht mehr wahrnehmen.

Wer sich nicht auf *eine* Sache zu konzentrieren vermag, wer in Gedanken tagelang Dingen und Geschehnissen nachhängt, ohne sie zu klären, der macht unter Umständen viele Umwege – bis er endlich dort anlangt, wo seine Aufgabe liegt, sein Platz, an dem er entsprechend seinem geistigen Auftrag oder entsprechend seinen Fähigkeiten, Talenten und Qualitäten am effektivsten arbeiten kann.

Du weißt es nun: Gott kann dich nur dann unmittelbar führen, wenn du Seine Gebote verwirklichst und dich auch führen lässt. Sie sind Auszüge aus dem ewigen, kosmischen Gesetz der Himmel. Nur die Verwirklichung der Gebote gibt deinem Leben eine gesetzmäßige Ausrichtung. Nur dann kann dich Gott weitgehend unmittelbar durch den Geist der Liebe führen.

Wenn es Gott möglich ist, dich unmittelbar zu führen, dann kann dein Beruf auch eine Berufung sein. An dem Arbeitsplatz, an dem du stehst, kannst du dich entsprechend einsetzen und bewähren. Eventuell kannst du dort auch das bereinigen, was aus Vorleben noch ansteht – entweder mit bestimmten Arbeitskollegen, oder du kannst eine Tätigkeit, die du in einem Vorleben begonnen hast, zu Ende führen. Zugleich kannst du mit deinem Beruf vielen Menschen helfen und dienen und so in der Welt zum Gemeinwohl beitragen.

Hast du deinen Beruf gewählt, dann handle wie in der Schule: Führe deine Arbeit gewissenhaft aus!

Auch die Arbeit, die dir der Tag bringt, kann dir viel sagen und Freude schenken. Sei bewusst und zielstrebig bei deiner Tätigkeit. Was du auch tust: Tue es selbstlos – dann stehst du im selbstlosen Dienst an deinem Nächsten. Werde dir bewusst, dass Menschen, die selbstlos wirken, innere Größe zeigen.

Das heißt nicht, dass du für deine Arbeit keinen Lohn empfangen sollst. Dem gerechten Arbeiter gebührt gerechter Lohn.

Wenn du jedoch außerhalb deiner Arbeitszeit Dienste verrichtest, also Überstunden machst, dann überlege nicht: Wieviel werde ich nun für diese Mehrtätigkeit erhalten? Du hast einen festen Lohn und wirst auch für Mehrarbeit sicher entlohnt werden. Doch denke nicht unablässig daran, wieviel Geld du hierfür erhalten wirst. Gewöhne dir an, immer zu geben – ohne zu fragen, was du dafür empfangen wirst. Das ständige Denken an Geld und Gut engt das Bewusstsein ein und macht dich kleinlich und engstirnig.

Bemühe dich, allezeit selbstlos tätig zu sein, ohne Anerkennung zu erwarten – auch dann, wenn du weißt, du wirst hierfür Geld und Gut empfangen. Denke bei der Arbeit nicht immer nur an den Lohn. Arbeite selbstlos, ohne danach zu fragen, ob der eine mehr und der andere weniger zu tun hat.

Wenn du so deine Pflicht erfüllst, dann wirst du im Inneren reich werden. Wer im Inneren reich geworden ist, der wird auch im Äußeren alles besitzen, was er benötigt, und darüber hinaus. Erprobe es!

Wenn du nach deinen Arbeitsstunden in deiner Freizeit noch Arbeiten annimmst, um deinen Freunden, deinen Nachbarn oder einer Gemeinschaft, der du angehörst, zu helfen – sei es im Haus oder auf dem Feld oder anderweitig –, dann denke nicht sogleich an Anerkennung und Lohn.

Bemühe dich, jede Arbeit gewissenhaft zu verrichten. Dann wirst du sehr bald erkennen, dass dich Gott durch deine Nächsten um ein Vielfaches belohnt. Jeder selbstlose Dienst ist ein Gottesdienst und wird von Gott belohnt. Sage aber nicht: »Ich erwarte Gottes Lohn.« Erwarte nichts – vertraue! Gott hat dich nicht vergessen.

Es heißt nicht, dass du etwa keinen Beruf erlernen oder nur dann arbeiten sollst, wenn sich Gelegenheit dazu bietet! Erlerne einen Beruf, und halte die Arbeitsstunden ein. Dafür wirst du von deinem Arbeitgeber entlohnt werden.

Schätze die Tätigkeit deiner Kollegen und Kolleginnen nicht geringer als deine, und werte sie und ihre Arbeit nicht ab. Jeder Mensch hat andere Fähigkeiten, und jeder ist anders geartet, entsprechend seiner geistigen Reife. Jeder Mensch erfüllt seine Arbeit aus seiner inneren oder äußeren Einstellung. Blicke nicht auf deine

Nächsten. Sieh du auf dich selbst und arbeite an dir, damit du deine Mitmenschen verstehen kannst.

Der Weise urteilt nicht. Er schaut und weiß. Nur der geistig Blinde urteilt, weil er sich selbst nicht sieht und auch nicht kennt.

Erkenne: Wer seinem Nächsten die Freiheit im Denken und Leben lässt und ihn nicht schulmeistert, der wird mit seinen Kollegen und Kolleginnen ein gutes und freundschaftliches Arbeitsklima schaffen, in welchem es sich gut arbeiten lässt. Du musst dir immer wieder bewusst machen, dass jeder Mensch sich frei entfalten sollte.

Du kannst deine Ansichten mitteilen. Du kannst auch aufklären, wenn es eventuell Meinungsverschiedenheiten gibt oder wenn im Arbeitsbereich einiges nicht so läuft, wie es für alle Beteiligten gut wäre. Doch deinen Willen und deine Meinung sollst du keinem Menschen aufzwingen.

In dieser Welt gibt es genügend Besserwisser. Gerade die Besserwisser haben mit dazu beigetragen, dass diese materialistische Welt auf die Dauer nicht bestehen kann. Sie wird vergehen und mit ihr die Besserwisser.

Nach dieser Zeitenwende tut sich die neue Welt in Christus auf. Du gehst also schrittweise in ein neues Zeitalter hinein. Deshalb bereite dich darauf vor!

Die Christuswelt wird nicht von Besserwissern regiert, sondern von dem Geist des Herrn – und alle Menschen sind in Christus Brüder und Schwestern.

Die kommenden Menschengenerationen werden mehr und mehr die göttlichen Gesetze befolgen und *einen* Führer haben: Christus.

Das Friedensreich Jesu Christi wird auf dieser Erde entstehen. So, wie im ewigen Reich Gottes die ewige, göttliche Ordnung besteht, wird sich auch im Reich Gottes auf Erden die göttliche Ordnung auftun. Bis hin zu dieser neuen Zeit, bis der Herr des Lebens die Herrschaft über die gereinigte, neue Erde antritt, gilt die *Gemeindeordnung* für das wachsende Reich Gottes auf Erden. Wenn du davon noch nicht gehört hast, dann besorge dir die christliche Gemeindeordnung. Sie lautet: »Der Hirte und Seine Herde«*. Darin kannst du vieles nachlesen, was dir aus dieser Offenbarung schon geläufig ist, z.B., wie du dich schon jetzt an deinem Arbeitsplatz und in der Welt verhalten sollst.

Erkenne: Es gibt keine Zufälle! Es ist auch kein Zufall, dass du mit diesen und keinen anderen Kollegen zusammenarbeitest oder dass gerade dieser Mensch dein Chef ist. Es ist auch kein Zufall, dass du in diesem und nicht in einem anderen Betrieb oder in einer anderen Verwaltungsstelle arbeitest. Zufälle gibt es nicht!

Du wirst sehr rasch erkennen, dass du mit einigen Kolleginnen und Kollegen ein vertrauensvolles Arbeits-

---

* Enthalten in dem großen Offenbarungswerk „Das ist Mein Wort. A und Ω. Das Evangelium Jesu. Die Christus-Offenbarung, welche inzwischen die wahren Christen in aller Welt kennen".

verhältnis hast und zu anderen wiederum einen Abstand spürst. Was liegt zugrunde? Es ist ähnlich wie mit den ehemaligen Lehrern, Schulfreundinnen und -freunden: Da ist etwas, das nicht zu ergründen ist. Und doch klingt es in dir an, wenn du bestimmten Kolleginnen oder Kollegen begegnest, auch dann, wenn du mit ihnen Gespräche führst. Obwohl es zwischen dir und deinen Mitarbeitern noch kein unschönes Wort gab, obwohl ihr euch freundlich begegnet und miteinander arbeitet, schwingt doch hin und wieder etwas, das euch nicht im Inneren zusammenfinden lässt. Was ist das?

Es sind Kräfte – wir nennen sie auch *Entsprechungen* –, die euch zwar zusammengeführt haben, jedoch nicht zusammenfinden lassen. Mit den Entsprechungen meine ich das Gegensätzliche, das Menschliche, das wir auch Karma nennen. Karma ist Seelenschuld.

Es liegt also ein Karma zugrunde, das euch zusammengeführt hat. Gleiches zieht Gleiches an. Das Gegensätzliche zieht wieder Gegensätzliches an, ähnliche oder gleichschwingende karmische Kräfte.

Das Positive, das Gesetzmäßige, zieht positive Kräfte an, also Menschen, die in positiven Aspekten gleichschwingen. Sie verstehen sich sofort, gehen aufeinander zu und schließen Freundschaft.

Menschen, die miteinander etwas bereinigen sollen, gehen eventuell auch aufeinander zu; doch sie werden miteinander nicht warm. Wenn es dir so oder ähnlich ergeht, dann will dich das Karma, die Entsprechung, mit dem »langen Arm« darauf aufmerksam machen, die sogenannte Antipathie, die du verspürst, zu analysieren: Frage dich, was dir an deinem Nächsten missfällt, worauf du eventuell neidisch bist. Oder frage dich, was du an ihm missbilligst oder was dich an ihm stört und womit du eventuell deinen Kollegen abwertest.

Suche und finde die Antwort und Lösung in dir selbst: Was liegt in dir zugrunde? Bist du neidisch, dann frage dich: warum? Weshalb missbilligst du das Denken und Tun deines Nächsten? Weshalb erregst du dich über ihn? Oder: Wenn dein Nächster dieses oder jenes sagt oder tut, was oder wie denkst du darüber?

Solche und ähnliche Vorgänge sollen dich zum Nachdenken anregen. Dein Nächster ist dir nur *Spiegel*. Finde in dir selbst, was du an ihm – das heißt also auch an dir selbst – auszusetzen hast. Denn was dich an deinem Nächsten erregt, Gleiches oder Ähnliches hast du selbst in dir!

Bitte den Inneren Helfer und Ratgeber um Beistand, damit du an und in dir erkennst, was du bereinigen sollst. Nicht dein Nächster, dein Kollege, hat das, was dich betrifft, zu bereinigen, sondern allein du! Was dein Kollege zu bereinigen hat, betrifft nur Gott und Sein Kind, also Gott und deinen Nächsten – nicht dich. Prüfe also dich selbst!

Vergiss nie: In jedem Menschen liegt viel Gutes, obwohl es oftmals nicht so scheint, weil der Mensch den inwendigen Schatz, den kosmischen Edelstein, sein wahres Selbst, mit vielen menschlichen Gedanken, Wünschen und Sehnsüchten, mit Hass und Feindschaft überdeckt hat. Trotz alledem ist das Gute da. Denn ohne diese Kraft und die Quelle dieser Kraft kann der Mensch nicht leben.

Wer durch den Unrat menschlichen Ichs hindurchzublicken vermag, findet in jedem Menschen den »*Stein der Weisen*«, die Liebe, die Kraft, das Göttliche.

Gott selbst, das Ewige, hat sich Seinen Kindern geschenkt und machte sie zu Erben der Unendlichkeit. Das Erbe jedes Geistwesens ist das ewige Gesetz, Gott, der Edelstein, das Leben in Gott.

Alles ist Bewusstsein. Reines Sein ist reinstes Bewusstsein, ist göttlich. Das ist das Erbe aus Gott.

Gott ist Gott von Ewigkeit zu Ewigkeit. Er ist Vater und Mutter aller Seiner Kinder. In allen Geistwesen wirkt die Kraft des Vater-Mutter-Gottes, das Erbe, das Leben, das ewige Gesetz – das bedeutet Gleichheit aller Seiner Kinder: Alle Geistwesen, ob sie positive oder negative Prinzipien sind, das heißt, Mann oder Frau, sind göttlich und gleichberechtigt und Träger des göttlichen Gesetzes.

Im *männlichen Prinzip* sind die männlichen – das heißt die »positiven« Wesenheiten und Eigenschaften aktiv. Es sind die gebenden und beschützenden Kräfte.

Sie werden die »positiven«, die männlichen Energien genannt.

Im *weiblichen Prinzip* wirken mehr die empfangenden und bewahrenden Kräfte. Sie werden die »negativen«, die weiblichen Energien genannt.

Im ewigen Gesetz Gottes sind die positiven und die negativen Kräfte Wesenheits- und Eigenschaftsenergien. Die geistigen Kräfte Positiv und Negativ haben nichts mit den menschlich-moralischen Begriffen »gut«, »weniger gut« oder sogar »böse« zu tun, so, wie sie im Gesetz von Saat und Ernte wertend verwendet werden. Es sind geistig-göttliche Polungen, die einander ergänzen, damit die Kräfte fließen.

Die göttlichen Kräfte – jeweils der positive und der negative Pol – stehen gebend und empfangend miteinander in ständiger Wechselwirkung. Daraus fließt alles Leben für die Geistwesen, Seelen, Menschen, Mineralien, Pflanzen, Tiere und Gestirne. Die ganze Schöpfung ist auf Polarität aufgebaut, auf dem gebenden und empfangenden, dem positiven und negativen Prinzip.

Über diese beiden Pole – gebend und empfangend – atmet der ewige Geist. Er beatmet die Ewigkeit, wodurch immer mehr Licht und Kraft in die Unendlichkeit strömen. Aus dem gebenden und empfangenden Leben entstehen in den himmlischen Welten weitere geistige Lebensformen: die geistigen Mineralien, die geistigen Pflanzen und Tierreiche, die Naturwesen und die Geistwesen.

So ist auch in jedem Menschen das Leben aus Gott. Es ist das göttliche Bewusstsein, das alle Lebensbereiche als Essenz in sich trägt. Das ist der Edelstein im Menschen, das ewige Gesetz, Gott. Der Edelstein wird auch der *Stein der Weisen* genannt.

Wer als Mensch den Stein der Weisen, das göttliche Bewusstsein, ganz erschlossen hat, lebt weitgehend im Gesetz Gottes und verkörpert auch als Mensch das Gesetz der Unendlichkeit in Wort und Tat. Den Stein der Weisen findest du nur dann, wenn du die Gesetze Gottes allmählich verwirklichst, das heißt im Alltag lebst. Nur durch die Verwirklichung der ewigen Gesetze also, das heißt, wenn du im Alltag danach lebst, findest du in dir den Stein der Weisen: Er ist dein lichtes Bewusstsein, das Göttliche in dir – der Innere Helfer und Ratgeber.

Weder durch dein Reden von den Gesetzen Gottes noch durch das Anschauen deiner Sünden und Fehler findest du den Stein der Weisen in dir und wirst weise, sondern allein dadurch, dass du deine Sünden und Fehler bereust und ablegst und sie nicht mehr tust. Dann wirst du allmählich Gottes Willen erfüllen und wirst weise.

Übe dich, auch in deinen Mitmenschen den Stein der Weisen, das göttliche Bewusstsein, zu bejahen. Es gibt viele Begriffe für den Stein der Weisen: Du kannst ihn die göttliche Kraft und Macht in allem Sein und im Menschen nennen; du kannst ihn auch als das göttliche

Bewusstsein oder die ewige Wahrheit oder das Gesetz bezeichnen – oder als den Edelstein oder als die Weisheit Gottes oder die Absolutheit.

Erkenne: Die Worte an sich sind nicht die Weisheit, sondern das, was in oder hinter den Worten steht. Hier, in der Tiefe, kann die Weisheit, der Stein der Weisen, geschaut und gehört werden. Lerne deshalb, die Worte der Menschen nicht nur als solche zu hören, sondern lerne, in die Worte hineinzuhören.

Wenn du nicht mehr über deine Mitmenschen urteilst, sie auch nicht verurteilst und auch nicht mehr gegensätzlich über sie sprichst, dann kannst du aus ihren Worten das heraushören, was nicht ausgesprochen wurde.

Der Weise empfängt aus dem Edelstein das Licht, die Weisheit, und wird – wenn es notwendig ist – das Erkannte unpersönlich ansprechen. Das kann durch eine Frage oder Gegenfrage geschehen oder durch eine gesetzmäßige Antwort. Unpersönliches Fragen oder Antworten ist selbstlos.

Erkenne also: Der Weise wird die Wahrheit nicht unmittelbar ansprechen, insbesondere dann nicht, wenn er zu Menschen spricht, die noch im Gesetz von Saat und Ernte leben und kämpfen und erst allmählich in das Gesetz der inneren Freiheit gelangen. Obwohl der Weise erkennt, worum es tatsächlich geht, darf er das Erkannte nicht unmittelbar ansprechen. Er muss den Menschen durch Fragen und Gegenfragen zum eigenen Erkennen *führen*.

Du siehst, der Weise darf nach dem göttlichen Gesetz seinem Nächsten nicht unmittelbar die Wahrheit sagen, die er im Wort seines Nächsten gehört und geschaut hat. Solange seine Mitmenschen noch nicht selbst im göttlichen Bewusstsein leben und im Gesetz Gottes wirken, sondern noch im Gesetz von Ursache und Wirkung stehen, wird der Weise seine Nächsten nur durch Frage und Gegenfrage zur Erkenntnis führen. Dadurch werden im Nächsten tiefere Bewusstseinsschichten angestoßen, die ihm bisher noch unbewusst waren. Sie kommen dann zum Schwingen. Ihre Inhalte oder Teile davon werden entweder sofort oder zur gegebenen Zeit im Oberbewusstsein des Menschen ankommen. Sodann wird ihm bewusst, dass der Weise eventuell schon vor längerer Zeit ihm das aus der Wahrheit mitgeteilt hat, was er, der Mensch, erst jetzt verstehen kann.

Der Weise spricht also seine Mitmenschen unpersönlich an, jedoch nur dann, wenn es notwendig ist und diese zur Erkenntnis gelangen wollen. Der Weise bleibt dabei völlig ruhig, das heißt: Er ruht in sich. Seine innere Ruhe auch bei Aufklärungen über Ungesetzmäßigkeiten deutet auf das unpersönliche Leben im Weisen hin. Er ist nicht parteiisch und nicht emotional.

Erkenne daraus für dich: Wenn du deinen Kollegen und deinen Kolleginnen von deinem Inneren her begegnest, aus der göttlichen Liebe und Weisheit, dann kannst du vieles aus- und ansprechen. Es wird aus deinem Inneren fließen und wird weitgehend unpersönlich sein. Wie auch dein Nächster reagiert – es wird dich nicht treffen, weil du nicht aus deinem Ich gesprochen hast.

Finde also in deinen Mitmenschen das Gute und bewahre es in dir, dann hast du immer Zugang zu dem Inneren deines Nächsten. Nur auf dieser Basis des inneren Verstehens lässt es sich auf dieser Erde furchtlos, tolerant und ohne Gewissensbisse leben. Wer zu sich selbst und zu seinem Nächsten gerecht ist, braucht wegen seines Verhaltens zu seinen Mitmenschen kein schlechtes Gewissen zu haben.

Wenn du dich so weit selbst überwunden hast, dass du deinen Nächsten nicht mehr richtest und verurteilst, dann begegnet dir der Tag anders – licht und hell.

Er zeigt dir dann immer wieder, was du schon überwunden hast. Er bringt dir Freude und Frieden. Zugleich zeigt er dir, auf welcher Stufe der Läuterung du noch stehst – und was du heute bewältigen sollst.

An einem Beispiel will ich dir verdeutlichen, wie dich der Tag und dein Innerer Helfer und Ratgeber zu führen vermögen: Nehmen wir an, du begegnest einem gut aussehenden Menschen. Sein Äußeres ist ansprechend und gepflegt. Dieser Mensch fasziniert dich. Deine Blicke ruhen auf ihm, und du bist angenehm berührt. Was gefällt dir wohl an diesem Menschen?

Der werdende Weise, für den ich dich halte, geht zu dem Inneren Helfer und Ratgeber und stellt die Frage, was ihn an diesem Menschen so fasziniert. Ist dein Bewusstsein so weit erschlossen, dass der Innere Helfer und Ratgeber zu antworten vermag, dann perlen aus dem tiefen Ozean der Liebe Tropfen des Lebens empor. Einige dieser Tropfen des Geistes regen sodann einige deiner Gehirnzellen an – du empfindest, was dich an diesem Menschen so fasziniert! Sind es seine Bewegungen? Ist es seine gepflegte Kleidung, oder sind es deren harmonische Farben? Oder ist es seine Ausstrahlung, die sich in seinen Bewegungen und in seiner Kleidung ausdrückt?

Der Tag und der Innere Helfer und Ratgeber wollen dir z.B. durch den Anblick deines Nächsten mitteilen, dass auch dein Inneres und Äußeres in Übereinstimmung sind und du ähnlich schwingst wie dieser Mensch, dass also Gleiches oder Ähnliches auch in und an dir ist.

Freue dich darüber, denn auf diese Weise wird dir gezeigt, dass auch du schon einiges in deinem Leben bewältigt hast, denn du warst angenehm berührt und hast dich an der Strahlung deines Nächsten erfreut.

Solche und ähnliche Begebenheiten bringen und zeigen dir der Tag und dein Innerer Helfer und Ratgeber. Dadurch ist es dir möglich, ungefähr zu erkennen, auf welcher geistigen Stufe des Lebens du stehst: Ob du dich an der Strahlung des Nächsten freuen kannst, weil in dir Gleiches oder Ähnliches ist – oder ob du noch urteilst, wertest und vergleichst.

Selbst Gestirne, Meere, Seen und Flüsse, Bäume, Gräser und Tiere lösen im Menschen ein Für und Wider aus, sowohl das Selbstlose und Ruhige, jedoch auch das Emotionale und Zerstörende. Erst wenn der Mensch geistig gereift ist, spürt er in sich, dass er mit allen Lebensformen in Kommunikation steht und mit ihnen in Gottes Einheit verbunden ist. Gott begegnet ihm in allen Lebensformen, und sein Innerer Helfer und Ratgeber wirkt und ist ihm ständig bewusst.

Wer zu seinem Inneren Helfer und Ratgeber gefunden hat, zu Gott, ist von der Seele her mit Ihm weitgehend geeint. Er hat sein göttliches Erbe angetreten und beginnt, aus dem Schatz der Weisen zu schöpfen und zu sprechen – aus Gott, dem Leben. Dann werden für den Menschen die Tage lichter und freundlicher. Es lohnt sich also, weise zu werden!

Weisheit hat nichts mit Wissen zu tun. Du kannst Wissen aus allen Büchern dieser Welt haben und bist doch nicht weise! Den Stein der Weisen, das Göttliche im Menschen, dein wahres Selbst, kannst du nur finden, indem du dich bemühst, nach den göttlichen Gesetzen zu *leben*.

Die Mühe lohnt sich. Überwinde dein Ich, auch wenn es dich Mühe kostet!

Hast du dich überwunden, dann bist du weise.

Weise Menschen sind *besonnene* Menschen. Sie überstürzen nichts, indem sie unbesonnen Entscheidungen treffen. Das gilt auch im Berufsleben.

Trachte nicht mit allen Mitteln, die dir zu Gebote stehen, in deinem Beruf eine dir angenehme Position zu erhalten, und erklimme die Sprossen zur besseren und höheren Position nicht mit Gewalt. Setze dir wohl das Ziel, dieses oder jenes zu erreichen – und wenn es Gottes Wille ist, wird es geschehen. Doch erwirke es nicht mit unlauteren Mitteln und Methoden. Bleibe in Wort und Tat gerecht.

Erzwinge nichts in deinem Leben. Sei dir bewusst: Dem Gerechten und Ehrlichen wird Gerechtigkeit widerfahren. Gott führt dich!

Sollst du in deinem Beruf eine angesehene Stellung erhalten, dann wird dies dein Innerer Helfer und Ratgeber so lenken.

Einerlei, welche Arbeit dir aufgetragen wird – sei bestrebt, sie gewissenhaft und ehrlich durchzuführen.

Liebe Schwester, lieber Bruder, du hast nun viele Hilfen aus dem Geiste der Liebe erhalten. Aus verschiedenen Facetten der göttlichen Weisheit habe ich dir Gleiches und Ähnliches immer wieder erklärt. Deshalb nimm auch diese Wiederholungen in dich auf!

Wisse: Alle diese Hilfen und Ratschläge kommen aus der göttlichen Weisheit. Nimmst du diese Hilfen und Ratschläge an, und verwirklichst du, was dir geraten wurde, dann wirst du weise.

Der wahre Weise beachtet die irdischen Gesetze, soweit sie mit den geistigen Gesetzen übereinstimmen. Du bist ein Bürger dieser Welt, jedoch mit den Gaben des Geistes ausgestattet. Deshalb wirst du aus der Kraft des Geistes in dir weise abwägen, was zu tun ist, um die Gesetze dieser Welt zu beachten und die Gesetze Gottes zu achten.

Bist du auf dem Weg, weise zu werden – das heißt, die Weisheit Gottes in dir zu erschließen –, dann wirst du ein Schauender und ein Hörender. Das heißt, du schaust durch den Menschen hindurch und schaust, was er ist – nicht, wie er sich gibt. Du hörst, was er nicht ausspricht – nämlich das, was hinter den Worten klingt oder was im ausgesprochenen Wort nachklingt, was also im Wort unausgesprochen schwingt.

Wer sieht, der sieht nur auf das Äußere. Wer *schaut*, der schaut in die Tiefen, in das Unaussprechbare.

Wer horcht, erhorcht nur das Wort. Wer *hört*, der hört in das Wort hinein.

Wer zu schauen und zu hören gelernt hat, wird die Menschen nicht mehr verurteilen und beurteilen. Er kennt sie.

Der wahre Weise unterliegt keiner Täuschung, weil er zu schauen und zu hören gelernt hat. Er legt deshalb keinen großen Wert auf das, was sein Nächster vorgibt, auf das äußere Ansehen, auf die äußere Rede und auf die äußeren Gebärden.

Der Weise ist still: Er schaut und hört hinein in seine Mitmenschen und in ihre Worte.

Menschen, die geistig wachsen und reifen, vergrößern ihre noch bestehenden Belastungen nicht: Sie wachen beständig darüber, ihr noch bestehendes Menschliches zu besiegen und ihre erkannten Entsprechungen nicht weiter zu leben, damit sie sich nicht dadurch vervielfältigen. Wer im Geiste wächst, ist wachsam und lässt sich von seinen Entsprechungen nicht beherrschen.

Lieber Bruder, liebe Schwester, wenn dein Sehorgan etwas Äußeres wahrnimmt, also sieht, dann wende dich nach innen, und lerne schauen! Wenn dein Gehörsinn noch etwas erhorchen möchte, dann wende dich nach innen, und lerne hören!

Wenn du in deinem irdischen Leben wachsam bist, wirst du in dir noch vorhandene Entsprechungen rechtzeitig erkennen und mit Christus das umwandeln, was eventuell zu Problemen oder gar zu Schicksalsschlägen führen könnte.

Wer gelernt hat, sich dem Inneren Helfer und Ratgeber, dem Geist Gottes, vertrauensvoll hinzugeben, der wird in allen Lebensfragen gesetzmäßig beraten und geführt werden. Das gilt in jeder Situation – sowohl im Beruf als auch in allen anderen Tätigkeiten –, einerlei, was auf dich zukommt. Es gilt ebenso bei der Wahl des Lebensgefährten oder der Lebensgefährtin.

Wer seine inneren Werte kennt, wird auch die inneren Werte in seinem Nächsten erkennen.

Die Wahl des Lebensgefährten – Kriterien: äußere oder innere Werte – Aufgaben im Zusammenleben – Was zieht dich an? Was erstrebst du?

Ich, Liobani, beleuchte nun die Wahl einer Lebensgefährtin oder eines Lebensgefährten, aus einer anderen Facette der Wahrheit.

Du hast inzwischen gelernt, nicht nur auf das Äußere zu sehen – ob die Frau hübsch ist oder ob der Mann eine gute Anstellung hat und sich in der Gesellschaft gut zu benehmen weiß –, du schaust tiefer!

Wenn du nun die Reife erlangt hast und in dir der Wunsch nach einer Lebensgefährtin oder einem Lebensgefährten erwacht, dann befrage dazu deinen Inneren Helfer und Ratgeber.

Sicherlich hast du in der Pubertät mit dem anderen Geschlecht schon einige Erfahrungen gemacht. Trotzdem ist es möglich, dass du bei dem Wunsch nach einer Lebensgefährtin oder nach einem Lebengefährten zunächst mit einem Menschen zusammengeführt wirst, mit dem du nach dem Gesetz von Saat und Ernte noch einiges zu bereinigen hast.

Nehmen wir an, du begegnest einem jungen Menschen, der dir gut gefällt und zu dem du dich hingezogen fühlst: Frage dich, was dich anzieht!

Ich, Liobani, habe dir schon einige Kriterien genannt, die dich wissen lassen, ob es noch Entsprechungen sind, die dich anziehen, also ein Karma – oder ob es die inneren Werte des Menschen sind, die sich mit deinen inneren Werten verbinden. Außerdem hast du den Inneren Helfer und Ratgeber, der dir nach dem Gesetz des freien Willens beisteht, zu einer freien Entscheidung zu finden.

Möchtest du dein Karma nicht verfestigen oder gar vergrößern, dann beachte die nun folgenden Hinweise: Wenn sich karmische Bande zeigen, so musst du diese nicht unbedingt auf engstem Raum in einer Zweierbeziehung lösen. Das ist nur dann unumgänglich, wenn Schwerwiegendes, also eine bindende Seelenschuld, vorliegt, die nur auf diese Weise, also in einer Ehe oder in einer Partnerschaft, gelöst werden kann.

Viele andere karmische Fäden lassen sich in einer Ehe oder Partnerschaft lösen, die sich auf die inneren Werte aufbaut, oder in einer guten, offenen Freundschaft. Daher prüfe dich selbst! Prüfe deine Gefühle, deine Gedanken und Sinne!

Äußere Zeichen, die eventuell auf karmische Fäden schließen lassen, sind folgende:

Stellt die oder der Erwählte seine äußere Erscheinung zur Schau, also in den Vordergrund, und bietet seine Reize und Attribute an, dann sind das meist Fangseile. Achte auf die Kleidung. Wie ist die Kleidung des Menschen, den du erwählen möchtest: sauber oder schmutzig? Sind die Farben der Kleidung grell oder disharmonisch – oder sind es weiche, aufeinander abgestimmte

Farben? Auch das Schuhwerk sagt viel aus, ebenfalls die Art, wie sich der Mensch bewegt und wie er geht. Sein Reden, seine Essens- und Trinkgewohnheiten, Pünktlichkeit und Unpünktlichkeit zeigen ebenfalls, wer er ist. Nur der Unwissende sieht auf das Äußere und lässt sich davon täuschen.

Der Weise sieht, schaut und erkennt, was der, der sich dem Weisen zur Schau stellt, selbst nicht kennt und weiß.

Ein Kriterium für ein gutes Zusammenleben ist auch das *Pflichtbewusstsein.* Pflichtbewusstsein aus dem Geiste Gottes gesehen bedeutet: Alle Aufgaben, die der Mensch übernimmt, sollte er gewissenhaft und treu – gegenüber den Menschen und gegenüber der Sache – erfüllen.

Auch Menschen, die in einer Ehe und Partnerschaft leben, sollten pflichtbewusst sein. Sowohl der Mann als auch die Frau haben in Ehe und Partnerschaft Pflichten. Erfüllen sie diese aus Pflichtbewusstsein, dann werden sie zu Liebegaben aus der Selbstlosigkeit.

Alle Aufgaben und Tätigkeiten sind ein Stück Selbstlosigkeit, wenn sie mit dem Inneren Helfer und Ratgeber pflichtbewusst durchgeführt werden. Es ist die Liebepflicht des Mannes, für die Frau zu sorgen, sie zu beschützen und in seinem Herzen zu bewahren.

Hat der Mann die Frau in sein Herz und umgekehrt die Frau den Mann in ihr Herz aufgenommen, dann ist auch die Treue gewährleistet. Wer mit seinen Sinnen treu ist, der ist auch in Gedanken, Worten und Handlungen treu. Aus der Treue wächst die innere Liebe, wenn sich sowohl der Mann als auch die Frau in selbstloser Liebe begegnen.

Der Mann hat auch die Liebepflicht, für seine Kinder zu sorgen. Vater und Mutter sollten bestrebt sein, dass ihre Kinder ehrliche, gütige und pflichtbewusste Menschen werden, auf die Verlass ist. Und die Frau und Mutter hat die Aufgabe, die Familie zu bewahren und das Leben in der Familie freundlich und angenehm zu gestalten. Die Liebepflichten der Frau sind: das zu bewahren, was der Mann an Gaben bringt, und zu hüten, was die Familie zusammenhält. Die Frau ist auch die *Hüterin des Herdes*, jedoch nicht das Heimchen am Herd.

»Hüterin des Herdes« heißt: Sie behütet das Gemeinschaftsleben der Familie und ist bemüht, die Gestaltung der Wohnung und des Hauses als ihre Aufgabe zu sehen, damit sich Mann und Kinder wohlfühlen. Sie ist also nicht das »Heimchen am Herd«, das nur kocht, wäscht und putzt und die Kinder versorgt.

Sie ist vor allem Frau und Mutter; jedoch kann sie auch außerhalb der Familie stundenweise beruflichen Pflichten nachgehen oder eine Tätigkeit ausüben, die ihrer Mentalität und ihrem derzeitigen Bewusstsein entspricht.

In den Gemeinden des Herrn sind Wohngemeinschaften und Vater-Mutter-Häuser vorgesehen; deshalb braucht die Frau nicht nur zu Hause zu sein.

Die Glieder der *Wohngemeinschaft* wechseln sich im Gemeinschaftsdienst ab. Dadurch hat jeder zur gewissen Zeit seine Pflichten in der Wohngemeinschaft zu erfüllen. Durch den wechselnden Gemeinschaftsdienst stehen dann auch freie Stunden zur Verfügung.

Die *Vater-Mutter-Häuser* sind große Wohngemeinschaften für Kinder, in denen ein oder zwei Pflegemütter die Kinder liebevoll betreuen, so dass es ihnen an nichts mangelt.

Möchtest du darüber mehr wissen, dann lies die Gemeindeordnung für das Friedensreich Jesu Christi »Der Hirte und Seine Herde«*, sowie »Liobani. Ich erzähle – hörst Du zu?« und »Liobani. Ich berate – nimmst Du an?«

Lieber Bruder, liebe Schwester, du hast nun einige Anhaltspunkte, nach denen du die Gefährtin oder den Gefährten wählen kannst, der deinen inneren Werten entspricht.

Du hast gehört: Gleiche Kräfte ziehen sich an. Nun kommt es auf dich an, welche Kräfte du in dir aktivierst. Diese Kräfte dienen dann als Magneten für einen Part-

---

* Enthalten in dem großen Offenbarungswerk „Das ist Mein Wort. A und Ω. Das Evangelium Jesu. Die Christus-Offenbarung, welche in zwischen die wahren Christen in aller Welt kennen".

ner. Sie ziehen entweder die inneren Werte, die geistigen Kräfte, an oder nur äußere.

Wenn deine aktiven inneren Werte in Kontakt treten mit denen deines Nächsten, so werdet ihr zu einer *Verbindung* kommen. Wenn du jedoch deine äußeren Merkmale, die Sinnesenergien oder Sinnesreize, aktivierst, werden sie sich mit den äußeren Attributen des Partners verbinden und dich an diese *binden*.

Es kommt also auf deine Einstellung und auf den Stand der Entfaltung deines geistigen Bewusstseins an, welchen Partner du anziehst.

Das Gute – das, was für das irdische Leben gut ist und von Dauer ist – kommt von innen.

Was nur im Äußeren erstrebt wird, trägt ebenfalls den Anschein, gut zu sein; es kann jedoch in Kürze brechen – oder es kann sich daraus ein gegenseitiges Dulden ergeben, ein Nebeneinander, aber kein Miteinander. Äußere Zusammenführungen können durch Annehmlichkeiten zustande kommen, mit der Zeit jedoch qualvoll werden – nämlich dann, wenn sich die beiden Menschen nichts mehr zu sagen haben und nur noch nebeneinander leben. Äußere Kriterien führen zu Bindung. Aus den inneren Werten dagegen kann die selbstlose Liebe erwachsen, das Miteinander, die Verbindung. Wo Verbindung ist, ist auch geistiges Wachstum. Wo Bindungen herrschen, besteht Stagnation und entstehen Schwierigkeiten.

Ehe und Partnerschaft: ein Bund mit Gott – Gelöbnisschrift der beiden Lebensgefährten – Die geistig-ethischen Grundsätze für eine gute Ehe und Partnerschaft – Harmonie im Inneren und im Äußeren

Du hast deine Lebensgefährtin oder deinen Lebensgefährten gewählt. Wenn ihr den Bund für euer irdisches Leben mit Gott schließen möchtet, dann wendet euch beide nach innen. Tretet vor Gottes Geist im Heiligtum eures Inneren und bittet Ihn um den Segen für euren irdischen Lebensweg.

Gott, unser himmlischer Vater, schaut in die Herzen der Menschen. Vor Ihm ist es unwesentlich, ob ihr eure Ehe vor dem sogenannten Standesamt besiegelt, oder ob ihr eine Partnerschaft wählt, einen Bund zwischen euch mit Gott ohne Gang zum Standesamt.

Vor Gott sind Ehe und Partnerschaft eine Verbindung. Wer Gott um Seinen Segen bittet, der schließt die Verbindung vor Gott; er geht mit Gott den *Bund* für das irdische Leben ein. Die Bitte an Gott um Segnung und Führung ist der Bund mit Gott. Das Band zwischen den Liebenden verbindet sie dann mit Gott. Wer Gott um Seinen Segen bittet, der hat vor Gott seinem Nächsten das Gelöbnis der Treue und Liebe gegeben. Die Treue und Liebe zu Gott ist auch die Treue und Liebe zur Lebensgefährtin und dem Lebensgefährten.

Es ist ein geheiligter Schritt in das gemeinsame Leben, wenn die Gemeinsamkeit der Partner im Heiligtum des Inneren, vor Gott, dem Allmächtigen, geschlossen wird. Dessen soll sich sowohl die Frau als auch der Mann bewusst sein.

Wer Gott bittet, dem wird gegeben. Gott gibt und wird jenen Menschen beistehen, die Ihn bitten und Seine Gebote halten.

Wer immer wieder, auch in Ehe und Partnerschaft, gegen die Gebote verstößt, bricht den Bund mit Gott. Wer seine Ehe oder Partnerschaft aus rein materiellen oder sexuellen Gründen löst, der lehnt Gottes Hilfe ab.

Das heißt nicht, dass eine Trennung der Ehe und Partnerschaft in jedem Fall gegen das ewige Gesetz ist. Eine äußere Trennung kann dann erfolgen, wenn einer der beiden Partner höheren Idealen und Werten zustrebt, der andere dagegen seine Wünsche in der Welt ausleben möchte. Sie sollte jedoch nur vollzogen werden, wenn sich jener Partner, der die Welt bevorzugt, durch den Entschluss des anderen gestört sieht und er ein Miteinander nicht mehr für möglich hält. Wenn eine Ehe oder Partnerschaft im Äußeren gelöst wird, dann müssen schwerwiegende Gründe vorliegen.

Es sollte jedoch keine äußere Trennung im Streit erfolgen, sondern in Übereinstimmung. Trotz unterschiedlicher Entscheidung sollte einer dem anderen wohlgesonnen sein und bleiben und es an Hilfe nicht mangeln lassen, wenn diese erwünscht ist.

Wer den Weg zur höheren Ethik und Moral geht, darf sich jedoch nicht mehr nach rein weltlichen Gesichtspunkten verlieben. Wenn er wieder eine Lebensgefährtin oder einen Lebensgefährten wählt, sollte er die Kriterien der hohen Ethik und Moral befolgen. Sie lauten: Liebe selbstlos, und achte auf die inneren Werte deines Nächsten. Bemühe dich von der ersten Stunde der Begegnung an um Offenheit und gegenseitiges Vertrauen!

Wenn du wieder eine Lebensgefährtin oder einen Lebensgefährten wählst, dann sollte der Wunsch nach körperlicher Vereinigung zurücktreten. Die Verbindung sollte auf der Grundlage der geistigen Freundschaft oder der geistigen Partnerschaft aufgebaut werden: auf der inneren Liebe – und der Gemeinsamkeit mit Gott und deinem Nächsten.

Eine echte *Ver*bindung kennt keine sexuellen *Ansprüche*. Die Liebe, die sich in der körperlichen Vereinigung ausdrückt, ist ein Sich-einander-Schenken und nicht ein Abreagieren beider Körper.

In einer *geistigen Partnerschaft* wird nicht die Sexualität gepflegt, sondern die Körperlichkeit veredelt. Dann wird die körperliche Vereinigung zu einer Begegnung und nicht zum Begehren. Wenn sich zwei Menschen, die auf Gott ausgerichtet sind, lieben, werden sie sich von innen her begegnen. Wenn es dann zu einem Körperkontakt kommt, ist trotz alledem Gott im Mittelpunkt: Die Menschen werden die Gegenwart der Liebe Gottes empfinden und einander selbstlos lieben und nicht aneinander abreagieren.

Wenn Gott der Mittelpunkt in Ehe und Partnerschaft ist, dann wird der Körperkontakt immer seltener. Er löst sich allmählich auf in der selbstlosen, reinen Liebe zueinander und zu Gott.

Wo also Gott im Mittelpunkt steht, werden Ehe und Partnerschaft zur tiefen, innigen Lebensgemeinschaft, in der Gott, unser himmlischer Vater, das zentrale Leben ist. Dann bemühen sich beide Lebensgefährten, die Gesetze Gottes zu halten. Sie lieben einander aus der selbstlosen Liebe heraus, die nie vergeht.

Wenn du also mit deinem Lebensgefährten den Bund mit Gott schließt, dann solltet ihr euch gegenseitig Treue, Liebe und Vertrauen geloben.

Liebe Schwester, lieber Bruder, wenn später der Alltag in das Denken und Leben des Menschen einzieht, dann kann es sein, dass die glückseligen Empfindungen und Gelöbnisse, die zwei Menschen im Hoch- und Glücksgefühl zu Beginn ihres gemeinsamen Lebens ausgetauscht und einander gegeben haben, vergessen werden.

Um sich immer wieder daran zu erinnern und auch, um sich selbst immer wieder zu ermahnen, sollten die beiden Lebensgefährten miteinander eine *Gelöbnisschrift* verfassen. Diese kann Folgendes enthalten: Das

Gelöbnis, das der Mann vor Gott seiner Frau gegeben hat und die Frau vor Gott ihrem Mann.

Auch die gegenseitigen Liebegebote für Ehe und Partnerschaft für das gemeinsame irdische Leben sollten festgehalten werden – wie z.B. Treue, Offenheit, gegenseitige Hilfe und selbstlose Liebe. Auch weitere Gelöbnisse, die der Mann seiner Frau und die Frau ihrem Mann gegeben hat, sollten in die Gelöbnisschrift aufgenommen werden.

Es sollte auch niedergeschrieben werden, wie die Partner die Erziehung ihrer Kinder vornehmen wollen. Es wird also festgehalten, wer von beiden welche Liebepflichten für das Kind oder die Kinder übernehmen möchte. Die Gelöbnisschrift sollte auch die Aufteilung der täglichen Arbeit und der Pflichten im häuslichen Tagesablauf regeln.

Allgemein gesagt: In dieser Gelöbnisschrift sollte das gemeinsame Leben bis in den Alltag hinein geplant werden.

Wer dem Gelöbnis treu bleibt, der erkennt in der Gelöbnisschrift als roten Faden: Es ist das Miteinander und Füreinander in jeder Lebenssituation. Wer seinem Gelöbnis vor Gott treu bleibt, ob es in der Ehe oder in der Partnerschaft ist, der gewinnt innere Freude, Sicherheit, Klarheit und eine immer tiefere geistige Verbindung mit Gott und seinem Partner – und darüber hinaus Offenheit und selbstlose Liebe allen Menschen gegenüber.

Wer die Gelöbnisschrift im Sinne der göttlichen Gesetze für Ehe und Partnerschaft verfasst und diesen Gesetzmäßigkeiten treu bleibt, wird sich auf seinem geistigen Evolutionsweg viel Leid ersparen. Er wird manches karmische Band wohl erkennen, doch nicht weiter daran weben. Ein karmisches Band, das gegebenenfalls zu einem anderen Menschen hinschwingt, an welchem der Mann oder die Frau Gefallen findet, kann, je nachdem, was vorliegt, auch durch eine *Freundschaft* gelöst werden.

Wer sich an die Gelöbnisschrift hält, an den Bund mit Gott und seinem Partner, wird ein eventuelles Karma, das ihm in einer anderen Frau oder in einem anderen Mann begegnet, nicht aufbauen. Er wird sich nicht verlieben und aus der Verliebtheit heraus Dinge tun, die unter Umständen eine noch bestehende Entsprechung vergrößern – die dann zu einer Bindung für das nächste Erdenleben werden könnte.

Die Gelöbnisschrift kann ein Siegel für das gemeinsame irdische Leben sein: Jedesmal, wenn der Alltag Schwierigkeiten bringt, sollten beide Partner hinter das Siegel schauen, in die Gelöbnisschrift, um sich wieder an dem zu orientieren, was beide sich und Gott, ihrem Herrn und Vater, versprochen haben.

Wer sich in jeder schwierigen Situation die inneren Werte seines Gefährten wieder bewusst macht, der wird so manche sich anbahnende Auseinandersetzung mit der Kraft der inneren Liebe verhindern können. Das könnte durch ein offenes Gespräch oder durch eine Geste der Liebe geschehen, die den guten Willen zeigt.

Lieber Bruder, liebe Schwester, was immer das irdische Leben deinem Partner und dir auch bringen mag – vernachlässige niemals weder dein Inneres noch dein Äußeres.

Jede Seele sehnt sich in der Tiefe nach Schönheit, Glanz, Reinheit und Erhabenheit und möchte ihr inneres Wesen auch im Äußeren zum Ausdruck bringen.

Der Inhalt der geistig-ethischen Gesetze ist die innere Liebe, die jedes Geistwesen der Himmel verkörpert. Die geistig-ethischen Gesetze umfassen Schönheit, Anmut, Ebenmäßigkeit, Sanftheit, Güte, Ernsthaftigkeit, Klarheit, Offenheit und absolute Selbstlosigkeit. Sie sind ewige Harmonie, Erhabenheit in jeder geistigen Empfindung – Gleichklang der kosmischen Kräfte.

Jedes Geistwesen ist das Absolute Gesetz. Es lebt in der Fülle und kennt keine Erwartung. Es ruht in sich. Dahin geht die tiefe Sehnsucht der erwachten Seele im Menschen, die sich bei jeder Gelegenheit bemüht, ihrem Menschen diese erhabenen, ewigen, geistig-ethischen Lebensgesetze nahezubringen. Die Seele, die der Reinheit, der Vollkommenheit, zustrebt, möchte Harmonie, Erhabenheit und Schönheit ausstrahlen und durch den Menschen zum Ausdruck bringen.

Liebe Schwester, werde deshalb sowohl in deinen Gedanken als auch in deiner Kleidung und Wohnung nie nachlässig!

Bemühe dich, große – also selbstlose – Gedanken zu hegen und sie zu bewahren. Kämpfe, wenn dich Menschliches, also Kleinliches, übermannen möchte.

Wer so in großen, das heißt in tiefen Gottesgedanken lebt, der wird sich auch in seiner Kleidung und Wohnung niemals gehenlassen. Das bedeutet nicht, dass du Kleider erwerben solltest, die über deine finanziellen Möglichkeiten gehen, oder gar in Prunk und Luxus wohnen solltest. Wisse: Alles Übertriebene dient nicht der Erhabenheit deiner erwachten Seele. Ganz im Gegenteil: Pracht, Prunk und Luxus machen die Seele stumpf und traurig. Nur das Dunkle behängt sich mit viel Gold und Edelsteinen und fühlt sich in Luxus, Pracht und Prunk wohl – weil es ihm am inneren Licht mangelt.

Wer jedoch seine Seele zum Garten Gottes bereitet hat, der strahlt von innen. Er wird sich entsprechend harmonisch und sauber kleiden und auch entsprechend wohnen. Ein harmonisches, sauberes Kleid, das in den Farben deinem lichten Denken und Leben entspricht, macht dich zu einem anmutigen Wesen. Mit einem dezenten Schmuck kannst du dein strahlendes Inneres, deine harmonischen Gebärden und die innere Anmut unterstreichen.

Sind auch deine Worte Klang und Symphonie – weil sie von Selbstlosigkeit erfüllt sind –, dann bist du ein strahlendes Ganzes, das ohne viele Worte seinem Nächsten Freude übermittelt.

Wisse: So, wie der Mensch denkt, so strahlt er. Wer nicht in sich ruht, der hat auch keine großen, gotterfüllten Gedanken. Entsprechend ist seine Kleidung und Wohnung, und so zeigt er sich auch seiner Umwelt.

Liebe Schwester, wenn du die Anmut und Schönheit deines Inneren vermehrst, dann wirst du auch in allem Gegensätzlichen das Positive finden und ansprechen. Dein Mann wird dich dann weiterhin lieben und schätzen, weil er sich vom Ausdruck deines Inneren immer wieder neu angesprochen fühlt.

Die Werte des Menschen sind immer Ausdruck seiner inneren Kraft und Stärke.

Auch dein Mann sollte sein Inneres und Äußeres niemals vernachlässigen. Die Harmonie des Inneren bewirkt auch die Harmonie im Äußeren; das drückt sich in und am Menschen aus und in der Welt. Deshalb kleidet sich die strahlende männliche Seele, das geistige positive Prinzip – wie die weibliche Seele, das geistige negative Prinzip – niemals auffallend, weder in Farben noch in Formen. Farben und Formen passen zueinander.

Der geistige Mann ist in seiner Gesinnung aufrichtig und offen. Er strahlt Kraft und Schutz, also Geborgenheit, aus. Seine Worte sind klar und ausgewogen. Was er sagt, ist von Bedeutung. Er ist wachsam und einfühlsam. Er spricht nie zuviel und auch nichts Unwesentliches. Dadurch strahlt er eine innere Sicherheit und geistige Souveränität aus. Weil sein Wesen aufrichtig ist, ist sein Gang aufrecht.

Der Mann auf dem Weg zum Göttlichen bemüht sich, bewusst in Gott zu leben und aus Gottes Gesetz zu sprechen. Das ist der Mann, der zur Vollkommenheit wandert. Er liebäugelt nicht mit anderen Frauen und Dingen. Sein Blick ist klar und vertrauenerweckend. Er schaut die Dinge, wie sie sind – nicht, wie sie scheinen. So, wie sie sind, wird er sie auch anpacken und erfüllen.

Er ist liebenswürdig, jedoch kein Schmeichler.

Er ist tatkräftig und gerecht in allem, was er vollbringt. Er übt Gerechtigkeit vor Recht; das heißt, er wird das göttliche Gesetz, die Gerechtigkeit, dem Rechte dieser Welt vorziehen. Auf diese Weise wird er mit Gerechtigkeit dort Recht erhalten, wo es gut ist für ihn und seine Mitmenschen. Wo es um Menschen geht, wird er grundsätzlich Gerechtigkeit vor Recht ergehen lassen. Dagegen in öffentlichen Angelegenheiten, wo sein Anliegen nicht gegen einzelne Menschen gerichtet ist, wird er mit der Kraft der Gerechtigkeit für sein Recht als Bürger eines Rechtsstaates einstehen.

Er wird jedem Menschen den freien Willen lassen und ihn nicht unterdrücken. Er wird jedoch die Dinge unumwunden ansprechen und aus dem Gesetz klären.

Seiner Frau ist er ein treuer Lebensgefährte, der sie beschützt und achtet und sich immer wieder aufs neue an ihr erfreut, wenn sie ihre erwachte Seele in großen

Gedanken, Selbstlosigkeit und Anmut, in Wort und Tat, Kleidung und Wohnung zum Ausdruck bringt.

Die Frau soll sich an der Männlichkeit ihres Mannes erfreuen, an seinem Äußeren, an seiner Haltung und seiner Aufrichtigkeit, die von einer guten, harmonischen Kleidung unterstrichen ist.

Erkennt, liebe Schwester, lieber Bruder, die Natur schenkt immer wieder aufs Neue herrliche Farben und Formen. Deshalb sollen sich auch Mann und Frau, die Ebenbilder Gottes, harmonisch in die Natur einfügen durch ihr strahlendes Inneres, ihre Kleidung, ihre Bewegungen und Gesten.

Im Äußeren zeigt sich das Innere: Wohnung und Kleidung – Die Absolutheit der Himmel – Alles Materielle ist relativ und vergänglich – Jeder braucht sein eigenes kleines Reich – Ausblick für die Herangewachsenen: Der Kreis schließt sich – Wie im Himmel, ähnlich auf Erden: Großfamilien im Friedensreich

Wie du denkst und sprichst, wie du dich kleidest und wie du wohnst, zeigt, wer oder was in dir thront.

Ist deine Kleidung schmutzig und trägst du grelle oder aufeinander nicht abgestimmte Farben, dann wird auch deine Wohnung kunterbunt und unaufgeräumt sein.

Auch deine Frisur und deine Schuhe sagen aus, wer du bist und wie du wohnst. Sind deine Haare zerzaust, lässt du sie ungepflegt herabhängen, oder liegen sie als fette Haarsträhnen an deinem Kopf und um deine Schultern – dann wird auch in deinem Inneren ein großes Durcheinander sein und entsprechend in deiner Wohnung vieles herumhängen und herumstehen; auch in deinem Kleider- und Wäscheschrank wird Unordnung herrschen.

Heruntergetretene Schuhe deuten ebenfalls auf innere und äußere Unordnung hin – und auf einen unsteten Charakter.

Wie du selbst bist, so ist es in deinem Inneren und in deinem Äußeren, in deiner Wohnung und in deinem

Haus. So, wie du dich im Äußeren zeigst und zu deinen Mitmenschen verhältst, ähnlich schaut es auch in deinem Inneren aus, in deiner Seele. Ist deine Seele verschattet, ist es in dir dunkel, dann hast du auch düstere Empfindungen und Gedanken.

Deinen Empfindungen und Gedanken entsprechend wirst du dich kleiden und verhalten. So ist auch der Zustand deiner Wohnung oder deines Hauses. Wenn du bei einem deiner Nächsten wohnst, wenn dieser für dich aufräumt und Ordnung schafft – und lichte Tapeten und Möbel wählt –, so ist es dessen Bewusstsein, also seine Strahlung, und nicht deine, auch wenn du darin wohnst.

Eine lichte Seele wird ihr Heim mit lichten, harmonisch aufeinander abgestimmten Farben verwandeln – so, wie der Mensch, dessen Geistigkeit nach außen dringt, wie verwandelt ist von Gottes Kraft und Liebe. Die Wohnung eines lichten Menschen wird hell und freundlich sein.

Einige hübsche Accessoires, also kleinere oder größere Gegenstände, wie z.B. schöne, nicht unbedingt kostbare Bilder oder Gemälde, hübsche Vasen und Kerzenhalter, verzaubern eine Wohnung und bringen Behaglichkeit. Bedenke: Farben und Formen bringen Leben in Wohnung und Haus. Du erkennst also, dass innere, geistige Strahlung vieles in der Wohnung zu verzaubern vermag.

Eine lichte Seele sehnt sich nicht nach dem Reichtum und der Pracht dieser Welt; denn in ihr ist die Fülle aus Gott. Sie weiß: Solange sie Mensch ist, ist alles relativ. Als reines Geistwesen wird sie wieder in den himmlischen Farben und Formen leben, die absolut sind, die auch absolut zu der Wesenheit des Geistwesens passen.

Wisse: Im göttlichen Reich ist alles absolut. Absolut heißt: Es ist vollkommen – es gibt keine Mängel und keine Makel. Was dich dort erwartet, ist göttlich, also absolut.

Das offenbart sich in deinem reinen, göttlichen Wesen, in deiner geistigen Kleidung, in den geistigen Bauwerken, in allem, was dich im Göttlichen umgibt. Das ist Vollkommenheit.

Auch die Heimstätten der Geistwesen sind absolut. Ihre Kleidung und ihre Heimstatt sind der Ausdruck ihrer Göttlichkeit und Mentalität – sind sie selbst.

Ihr wahres Selbst ist ihre göttliche Wesensart und somit der Ausdruck von allem, was sie umgibt. Wo sie sich auch bewegen und aufhalten, verkörpern sie ihre Wesensart, ihr ewiges Selbst, ihre Göttlichkeit.

Es ist möglich, dass du Schwierigkeiten mit den Worten »Selbst« oder »Wesensart« hast: Das *Selbst* ist das göttliche Wesen, das weder von anderen Geistwesen noch von Gott abhängig ist.

Ein Geistwesen hat alle Kräfte des Alls als Essenz in seinem geistigen Körper. Alle Kräfte des Alls dienen ihm. Spricht es die ewigen Kräfte in sich an, dann werden sie in seinem Geistleib aktiv und zugleich auch im Universum. Wird die Allkraft im geistigen Körper angesprochen, dann tritt sie sofort in Kommunikation mit den angesprochenen Kräften im All.

Das Geistwesen ist alles in allem: Es ist das Selbst, die Kraft in der Kraft und das All im All.

Die *Wesensart*, die Mentalität des Geistwesens wird von der Himmelsebene bestimmt, in welcher die erste Formierung des Geistwesens stattfand. Der geistige Leib baut sich über die himmlischen Mineralien, Pflanzen, Tiere und Naturwesen auf. Die Mentalitätskräfte, die sich im Evolutionsprozess vom ersten geistigen Atom an bis zum Naturwesen aufgebaut haben, verstärken sich, wenn das Naturwesen zur Kindschaft Gottes erhoben wird. Es sind die geistigen Wesenszüge und die daraus hervorgehenden Fähigkeiten und Eignungen.

Wisse: In der ewigen, himmlischen Heimat gibt es keine »Normung« der Geistwesen: Kein Geistwesen gleicht dem anderen. Die Mentalität jedes Geistwesens schimmert in einer anderen Facette. So allumfassend, wie das ewige göttliche Gesetz ist, sind auch die göttlichen Wesen, die Geistwesen.

Trägt z.B. ein Geistwesen viele Wesensmerkmale der göttlichen Ordnung in sich, so hat es auch seine göttliche Heimstatt in einer Himmelsebene der Ordnung. Jede der sieben Grundebenen ist in der anderen als Unterregion enthalten. So ist z.B. die Ebene der Ordnung in allen anderen Grundebenen als Unterregion enthalten.

Das Geistwesen wird sich gemäß der Lichtkraft, die seine Wesensart ist, kleiden, seine Heimstätte schaffen und gestalten und in der Unendlichkeit entsprechend tätig sein. Daher gleicht keine Himmelsebene und auch kein Heimatplanet dem anderen.

Die geistigen Planeten, die Wohnplaneten für die göttlichen Wesen, entsprechen in ihrer Strahlung und in der äußeren Form – du kannst auch sagen, in der Natur- und Landschaftsgestaltung – der jeweiligen Himmelsebene; entweder der Himmelsebene der Ordnung oder der des Willens, der Weisheit oder des Ernstes, der Geduld, der Liebe oder der Barmherzigkeit. Jede Grundebene – auch Himmelssphäre genannt – ist, wie offenbart, als Unterebene in jedem der sieben Grundhimmel enthalten.

Das Zentrum allen Seins, das *Heiligtum Gottes*, unseres himmlischen Vater-Mutter-Gottes, ist die höchste Strahlung. Seine Gestaltung ist einzigartig und völlig anders als die sieben mal sieben Himmelsebenen, die das Heiligtum, den Sitz Gott-Vaters, umkreisen.

Wenn ich vom Heiligtum Gottes, unseres Vaters, spreche, so meine ich die ewige, golden strahlende Stadt Jerusalem, das Zentrum des Universums.

Wisse: Die Erde ist Materie und ein kleiner Punkt im Universum. Sie ist in Form und Gestaltung ihres Äußeren – so, wie auch die Kleidung und Wohnung der Menschen ihrem Entwicklungsstand entsprechen – nur ein schwacher Abglanz der ewigen bestehenden Heimat.

Daher ist alles Materielle, das irdische Leben und alles auf der Erde Geschaffene, nur relativ und niemals absolut. Alles Relative ist der ständigen Wandlung unterworfen und deshalb auch vergänglich.

Die Welt – damit meine ich das, was auf der Erde geschieht – entspricht dem Zustand der lichten oder verschatteten Seelen und damit dem jeweiligen Empfinden und Denken des einzelnen Menschen. Deshalb wechselt ständig die Kleidung, die Haartracht, das Schuhwerk, die Art des Wohnens und die Innengestaltung der Wohnungen und Häuser.

Alles, was auf der Erde geschieht, entspricht dem Evolutionsstand der Menschen. Evolution heißt Entwicklung. Wer sich geistig entwickelt, verändert sich als Mensch von innen heraus. So, wie sich die Empfindungen, Gedanken, Worte und Handlungen des Menschen verändern – sowohl im Positiven, hin zu einer höheren Ethik und Moral, als auch im Negativen bis hin zu Amoral –, entsprechend verändert sich auch seine Kleidung und die Inneneinrichtung seiner Wohnung oder seines Hauses.

Verschattet sich die Seele, dann wird der Mensch in seinem Äußeren nachlässig, oder er behängt sich mit allen möglichen Kostbarkeiten; entsprechend stattet er dann auch seine Wohnung und sein Haus aus. Hat er Geld und Besitztum, so wird er unter Umständen – je nachdem, wie und womit seine Seele belastet ist – dieses in Prunk und Pracht umsetzen und seine Wohnung oder sein Haus kostbar ausstatten.

Wenn jedoch aus der Seele eines materiell Reichen – der sein Geld und Gut als sein Eigen betrachtet – die innere Armut ausbricht, ist das Milieu seiner Seele ein ausstrahlender Tümpel. In diesem lebt und bewegt er sich dann auch im Äußeren. Was er noch an Geld und Gut besitzt, das hält er krampfhaft fest, gleich einem Ertrinkenden, der sich an einen Strohhalm klammern möchte.

Wer nicht von dieser Welt ist, wer also das Geistig-Ethische, das Feine und Reine, anstrebt, der wird auch schön und harmonisch wohnen, jedoch nicht in Pracht und Luxus. Der geistig-ethische Mensch wird im gehobenen, das heißt im guten Mittelstand leben.

Menschen des Geistes werden ihr irdisches Zuhause schön und harmonisch gestalten. Sie werden sich auch harmonisch und sauber kleiden. Sie leben jedoch nicht in Prunk und Luxus, tragen keine teuren und kostbaren Kleider und schmücken sich auch nicht mit teurem Schmuck.

Wer sein Selbst zur Entfaltung gebracht hat, strahlt aus sich heraus, auch ohne äußere Attribute. Jeder Mensch strahlt das aus, was er ist: reines Geistiges oder unreines Menschliches oder noch beides miteinander vermischt. Deshalb steht auch jeder Mensch auf einer anderen Bewusstseinsstufe. Die Seele des Menschen ist geprägt aus den Vorleben und strahlt Reines und Unbereinigtes aus; auch das Elternhaus prägt den Menschen: Danach kleidet er sich und schafft sich seine Wohnung.

Deshalb sollte jeder Mensch ein Zimmer für sich ganz persönlich haben, das er so einrichtet und gestaltet, wie es ihm derzeit beliebt – wie er es also jetzt einrichten und gestalten möchte. Verändert sich der Mensch im Denken und Leben, in seinem Bewusstsein, dann ändert sich auch seine Kleidung und sein Wohnen.

Das eigene kleine Reich, z.B. das eigene Zimmer, sollte auch dann beibehalten werden, wenn du eine Ehe oder Partnerschaft eingehst. Auch wenn sich zwei Menschen noch so sehr lieben und beide gemeinsam den Bund mit Gott geschlossen haben, sollte doch jeder von ihnen sein eigenes, persönliches Fluidum um sich haben.

Das Fluidum des Wohnens besteht aus der Ausstrahlung und den Farben der Möbel und der Vorhänge. Es entsteht aus Bildern und aus den vielen kleinen Ge-

genständen, die der Bewohner persönlich an einen bestimmten Platz stellt, damit das Auge immer wieder darauf fällt und er sich erfreuen kann.

Auch der Schlafbereich sollte nicht zusammengelegt werden. Die Liebenden sollten nachts, also vom Schlafengehen bis zum Morgen, nicht im gleichen Zimmer schlafen. Aus geistiger Sicht ist dazu Folgendes zu sagen: Wenn zwei Menschen auf Dauer, also längere Zeit, gemeinsam ein Schlafzimmer teilen, dann können in der Nacht die Seelen der beiden nicht immer ungehindert in jene Bereiche schweben, in die sie gemäß ihrer Lichtintensität reisen könnten – wenn der Körper im tiefen Schlaf liegt.

Zum besseren Verständnis halte fest: Wenn die Seele nachts – dann, wenn der Mensch tief schläft – ihren Körper verlässt, so ist die wache Seele selbst — und auch der Schutzgeist des Menschen — beständig auf der Hut, dass die Seele rechtzeitig zurückkehrt, *bevor* der Mensch erwacht.

Wird der schlafende Körper durch eine Störung ruckartig geweckt, so kann das, wenn es immer wieder geschieht, im Menschen Schwierigkeiten auslösen, weil sich die Seele nicht rechtzeitig im Körper verankern oder immer seltener die Reise in höhere Lebensbereiche antreten kann. Sie hält sich dann beständig in der Nähe des schlafenden Körpers auf.

Teilen z.B. zwei Menschen ein Schlafzimmer miteinander und der eine der beiden schläft sehr unruhig, weil er am Tage viele Schwierigkeiten und Probleme hatte – sei es mit sich selbst oder mit seinen Nächsten –, dann kann seine Seele sich nicht allzu weit vom Körper entfernen. Der Mitschläfer, der tief schlafen könnte, wird durch diese Unruhe gestört und geweckt. Das bedeutet, dass dann auch dessen Seele sich nicht allzu weit vom Körper entfernen kann.

Ich wiederhole: Wenn also einer der Partner unruhig schläft, dann muss der Schutzgeist des *anderen* Sorge tragen, weil sein Schützling durch den unruhigen Schlaf seines Partners sehr oft gestört wird, deshalb nicht in einen tiefen Schlaf findet und auch seine Seele nicht in höhere Bereiche gehen kann.

Treten solche oder ähnliche Störungen häufiger auf, dann verlieren beide Partner an Lebensenergie, weil beide Seelen nachts nicht imstande sind, sich weiter von ihren unruhig schlafenden Körpern zu entfernen. Ihre Seelen können also immer seltener in höhere, lichte Energiebereiche, um dort Lebensenergie für Seele und Leib zu empfangen. Deshalb nimmt die Lebenskraft, die Schwingung der beiden Seelen, ab und damit zugleich die Lebensenergie des Körpers.

Die Anzeichen dafür sind: Der Mensch verliert an Spannkraft und Vitalität; er ist schon am Morgen müde, lustlos und unausgeschlafen – oder es überfallen ihn schon beim Erwachen negative Gedanken; oder es quälen ihn Probleme, von denen er glaubte, sie seien schon bereinigt. Solche und ähnliche Anzeichen deuten darauf hin, dass die Seele nachts nicht dorthin gehen kann, wo sie Licht und Kraft empfangen könnte.

Wird sie auf diese Weise wegen des Verhaltens des Menschen immer wieder gebremst, dann wirkt sich das auch im Menschen in Unmut und Spannungen aus. Die Folge kann sein, dass es zwischen den Partnern Unstimmigkeiten gibt. Sie übertragen sich auch auf die Familie, und der häusliche Friede wird gestört.

Auch auf den Tagesablauf des Menschen und auf seine Tätigkeiten wirken sich diese seelischen Zwänge aus. Die Entwicklung im Beruf kann ebenfalls gestört werden. Das Miteinander, das in selbstloser Liebe begonnen hat, kann unter Umständen durch solche unbewussten Ereignisse Schaden nehmen.

Auch wenn beide einander noch so sehr lieben, hat doch jeder Partner seine eigene Mentalität und menschliche Gewohnheiten. Der eine ist z.B. abends sehr müde und möchte sofort einschlafen; der andere möchte im Bett noch lesen oder Musik hören. Stört das Licht oder die Musik, so wird der Partner, der noch lesen oder Radio hören möchte, Rücksicht auf den anderen nehmen und das Licht löschen. Doch wie lange geht das gut?

Jeder Mensch soll sich entfalten können! Dazu braucht er sein eigenes kleines Reich; keineswegs gar einen Palast oder eine große Wohnung. Es kann, wie schon offenbart, ein hübsch eingerichteter Wohn-Schlafraum sein, innerhalb einer Wohnung.

In dieses eigene kleine Reich kannst du dich zurückziehen, wenn du allein sein möchtest, um zu beten oder zu meditieren, zu lesen oder Musik zu hören. Du störst dann deinen Nächsten nicht, der zu gleicher Zeit vielleicht anderen Interessen nachgehen möchte.

Wenn du nachts in deinem kleinen Reich auch schläfst, dann bist du in deine Schwingung eingebettet. Es stört dich nichts und niemand – außer du störst dich selbst, wenn du dich tagsüber gegensätzlich benommen, allzu heftig reagiert oder dich von deinem Mitmenschen in Streit getrennt hast.

Wenn du negative Gedanken, z.B. an das Tagesgeschehen oder an all das, was nicht bereinigt wurde, mit in dein Reich nimmst, dann wirst du von deinen eigenen Schwingungen geplagt und in der Nacht unruhig schlafen. Dann kann *deinetwegen* deine Seele nicht in lichtere Bereiche, weil dich dein Oberbewusstsein, dein Gewissen, plagt; denn du hast etwas getan oder gesagt, das nicht der Ordnung entsprach. Aber du hältst dadurch nicht die Seele deines Nächsten ab!

Wenn du dein eigenes kleines Reich hast, kannst du auch jederzeit über die Schwierigkeiten und Probleme nachdenken, die dich noch beschäftigen und die noch ungelöst sind, ohne dabei deinen Nächsten zu stören.

So kannst du auch ungehindert Licht machen, um dir Erkanntes zu notieren oder dir Stichpunkte für den neuen Tag zu machen; oder du kannst auch laut beten, leise Musik hören oder eine entsprechende Lektüre zur Hand nehmen, um dich zu beruhigen. Du störst also deinen Partner oder deine Partnerin nicht.

Erkenne weiter: Jeder Mensch hat auch einen anderen Tagesrhythmus. Wenn er diesen in seinem eigenen Reich ausklingen lassen kann, fühlt er sich wieder gestärkt, um auch den neuen Tag anzunehmen und freudig zu beginnen.

Die kleinen Wohn-Schlaf-Bereiche der Partner sollen nicht ausdrücken, dass sie sich entzweit haben. Ganz im Gegenteil: Sie sollen zur rechten Zeit und zur rechten Stunde zueinander finden; denn gerade das Miteinander und das Füreinander sind notwendig, damit in Ehe oder Partnerschaft die Liebe und die Offenheit zueinander gepflegt werden.

Wo Menschen zusammenwohnen, sei es in Ehe, Partnerschaft oder Familie, sollte für alle ein *gemeinsamer* Wohnraum geschaffen werden. Auch Menschen in Wohngemeinschaften, in denen sich Alleinstehende, Eheleute oder Partner zusammenfinden, sollten einen gemeinsamen Aufenthaltsraum einrichten. Dieser Raum soll von allen Gliedern der Wohngemeinschaft warm und behaglich ausgestattet werden, damit sich jeder wohlfühlt.

Es ist also zu empfehlen, dass jeder sein kleines Reich hat, das er seinem Inneren und seiner äußeren Vorstellung gemäß gestalten kann.

Nicht alles, was dir jetzt zusagt, muss auch so weiterbestehen. So, wie sich der Mensch ändert, verändert er auch seine Kleidung und seine Wohnung. Wisse: Tapeten, Farben, Formen und Gegenstände, die dir heute gefallen, können dir nach einiger Zeit eventuell nicht mehr entsprechen. Wohlgemerkt: Ich nahm das Wort »entsprechen«! Was dir also heute gefällt, ist der Ausdruck deines derzeitigen Entwicklungsstandes. Es ist möglich, dass du nach einiger Zeit andere Farben und Formen liebst. Auch die Gegenstände, mit denen du deine Wohnung oder dein Zimmer geschmückt hast – und seien es ganz kleine Stücke – entsprechen dann nicht mehr deinem Wesen, also deiner Ausstrahlung.

Mit Recht wirst du nun sagen: Ich kann nicht immer wieder neue Gegenstände kaufen! Das ist richtig gedacht. Deshalb solltest du nicht zu teuer einkaufen!

Und hast du teure Möbel, dann ändere z.B. die Tapeten, und stelle die Möbel um. Erwirb dir eine hübsche Schale oder andere kleine Ziergegenstände. Auch neue Vorhänge oder eine hübsche Brücke verwandeln den Raum.

Mein Rat für alle Menschen, die auf dem Inneren Weg zu Gott vorwärtsschreiten – sich also geistig weiterentwickeln wollen –, wäre, einen Gebrauchtwarenmarkt für Gegenstände von gehobener Lebensqualität einzurichten. Dort ist dann sicher manches preisgünstig zu finden. Der eine gibt etwas preisgünstig ab, weil er etwas anderes erwerben konnte, das ihm nun mehr zusagt. Sein Nächster kann das dann preisgünstig erwerben und erfreut sich daran, weil es seiner derzeitigen Wesensart entspricht.

Das heißt nicht, dass nur diejenigen ihre Gegenstände weitergeben, die sich geistig entwickeln. Oftmals erbt ein Mensch wunderschöne Möbel, die aber nicht seiner Schwingung entsprechen. Deshalb gibt er sie ab. Es ist auch möglich, dass die Eltern oder Großeltern eine höhere Schwingung hatten als der Erbe.

Manchmal fallen Menschen wieder auf ihren früheren Bewusstseinsstand zurück, weil ein Karma auf sie zukam, das sie nicht überwinden, sondern ausleben und genießen wollen. Was ihnen bisher lieb und wert war, geben sie ab, es interessiert sie nicht mehr – denn das Interesse hat einen anderen Bezugspunkt gefunden. Wenn also Menschen wieder in irdische Lebensweisen zurückfallen und an ihr vergangenes – eventuell geistiges – Leben nicht mehr erinnert werden wollen, dann veräußern sie, was z.B. ihr Gewissen erregen könnte.

Auf dem Weg zum göttlichen Bewusstsein sind auch Rückschritte möglich. Solche Menschen geben ihrem Karma, den ausfließenden Ursachen, nach und bevorzugen das, was nun wieder ihrem Denken und Leben entspricht.

Wir wollen damit die Rückschritte auf dem Inneren Weg nicht bejahen; es sollten für dich nur Hinweise sein. Wenn du erlebst, dass Menschen wieder zurückfallen in das materielle Leben, dann versuche nicht, sie mit vielen Worten und Belehrungen zurückzuhalten. Gib Aufklärung und bete! Jeder Mensch wird früher oder später, auch wenn er zurückfällt oder stagniert, sein geistiges Fundament wieder finden und erneut darauf aufbauen. Es kann dann jedoch ein sehr beschwerlicher Weg sein.

Du erkennst also, dass auf dem Weg der Evolution sich der Mensch in seiner Denk- und Verhaltensweise ändert – und mit ihm seine Kleidung und seine Wohnung.

Lieber Bruder, liebe Schwester, gehen aus eurer Ehe oder Partnerschaft Kinder hervor, so bemüht euch, ihnen ihr eigenes Reich einzurichten.

In den ersten Tagen oder Wochen ist der kleine Liebling noch ganz auf die Mutter oder den Vater angewiesen und schläft im Zimmer der Mutter oder im Zimmer des Vaters. Jedoch sollte er von den ersten Stunden seines Erdendaseins an sein eigenes Bettchen haben.

Beim ersten Schrei des Kindes beginnt die Seele, ihre mitgebrachten Seelenprogramme durch ihren angenommenen Erdenkörper – durch den Säugling also – zu strahlen. Schon gleich nach der Geburt hat das Kindlein Eigenstrahlungen. Trotzdem kann sich die Seele in ihrem Körper erst nach und nach zurechtfinden, um sich entfalten zu können und um die fünf Sinne beherrschen zu lernen.

Deshalb ist es wichtig, dass Seele und Kindlein viel Ruhe haben. Würde der kleine Erdenbürger im Bett der Eltern schlafen, so würde es der Seele allmählich ähnlich ergehen wie den Eltern, die nachts miteinander ein Schlafzimmer teilen: Die Seele des kleinen Erdenbürgers wäre dann immer wieder anderen Schwingungen ausgesetzt, und sie hätte nicht die Ruhe, die Sinne ihres Erdenkörpers unter Kontrolle zu bekommen. Ebenso würde die Reise der Seele in ferne Regionen immer wieder unterbrochen werden.

Wenn das Kindlein so weit gediehen ist, dass Mutter und Vater ohne Sorge das Kinderbett in sein eigenes Kinderzimmer stellen können, sollten sie es tun! Die Seele des Kindes wird es ihnen danken. Sie wird ihrem Körper, ihrem Erdenkleid, freier begegnen können, weil sie von ihrer nächtlichen Reise in andere Welten viel Licht und Kraft mitbringt.

Die negativen Schwingungen des Vaters oder der Mutter, in denen Probleme und Wünsche mitschwingen können, stören zwar nicht den kleinen Körper, jedoch die Seele bei ihrem Bemühen, den Körper für dieses Erdendasein unter Kontrolle zu bekommen. Schläft jedoch das Kindlein in seinem eigenen kleinen Reich, dann wird auch seine Seele nicht gehindert, in jene Welten zu gehen, aus denen sie kam oder in denen sie nachts noch einiges zu bewältigen hat.

Hat eine Familie mehrere Kinder und schlafen zwei oder gar drei Kinder in einem Zimmer, dann stören sich auch die Kinder untereinander! Dann geschieht Ähnliches, wie ich schon offenbart habe: Die Seelen der Kinder können nicht ungestört in andere Welten gehen. Die Unruhe, die von einem Kind ausgeht, stört das andere oder die anderen, so dass in der Nacht eine seelische Entfaltung kaum möglich ist, weil die Seelen nicht dorthin gehen können, wo sie – entsprechend ihrer geistigen Entwicklung – Kraft und Liebe empfangen können, um diese dem Leib, dem Erdenkörper, zu übertragen.

Zank und Streit unter den kleinen Geschwistern entstehen oft, weil sie gemeinsam schlafen und ihre Seelen deshalb den Körpern wenig Energie übertragen können, da sie in der Nähe ihres schlafenden Körpers bleiben müssen. Es wäre deshalb für die Entfaltung der Kinder gut, wenn jedes ein eigenes kleines Reich hätte.

Sobald das Kind die Unterscheidungsgabe von Farben und Formen entwickelt hat, sollte es mit der Hilfe der Eltern sein eigenes kleines Reich selbst gestalten. Die Seele sucht sich durch das Kind das aus, was das Kind an Farben und Formen benötigt, um sich daran zu erfreuen und glücklich zu sein. Freude, Liebe und Glück bewirken in Seele und Mensch Harmonie.

Nur in der Harmonie ist ein gesundes Wachsen und Gedeihen des Kindes möglich. Dann fühlt sich die Seele des Kindes wohl und ist bestrebt, dem Körper, ihrem

Menschen, die göttlichen Impulse zu übermitteln, die in ihr aktiv sind.

Damit das Kind allmählich in ein harmonisches Zusammenwirken der kosmischen Kräfte hineinwächst, helfen ihm auch seine Lieblingsspielsachen, z.B. die Lieblingstiere oder die Puppe, die für das Kind kleine lebendige Wesenheiten sind, mit denen es in engem Kontakt ist; denn auch über die Stofftiere kommt das Kind in Verbindung mit den feinen, harmonischen Kräften in der Natur.

Wenn das Kind eine harmonische Verbindung zu seiner Puppe, zum Teddy, zur Katze oder zu einem anderen Stofftierchen hat, dann ist es dem Schutzgeist hin und wieder möglich, über den Liebling das Kind auf etwas aufmerksam zu machen oder es zu führen. So kann der Schutzgeist z.B. über die Lieblingspuppe einen engeren Kontakt mit dem Kind herstellen. Kleidet beispielsweise das Kind die Puppe und legt sie an einen bestimmten Ort, so kann der Schutzgeist über Ausdruck, Körperhaltung oder Kleidung der Puppe im Kinde positive Empfindungen oder Gedanken erwecken, die ihm helfen, geistig zu reifen.

Im Buch »Ich erzähle — hörst Du zu?« für Kinder von sechs bis zwölf Jahren steht mehr über die Lieblinge Puppe, Teddy und Katze.

Liebe Schwester, lieber Bruder, nimm folgenden Merksatz tief in dich auf und lass ihn dir zu einem Leitgedanken werden:

In der Stille reifst du und dein Nächster. Finde zuerst die Stille in dir und lebe so, dass du deinem Nächsten keinen Anlass gibst, sich zu Recht über dich zu ärgern.

In der tiefen Stille finden Seele und Mensch zu Gott. In der tiefen Stille finden auch zwei Menschen zueinander für das irdische Leben.

Das heißt nicht, dass du deine Mitmenschen meiden sollst, im Gegenteil. Du hast schon gehört, dein Nächster kann dir Spiegel sein! Jedoch um in die innere Stille zu finden, solltest du dich in dein eigenes Reich zurückziehen können, damit Seele und Körper für die weiteren Stunden des Tages oder für den neuen Tag Kraft zu schöpfen vermögen.

Liebe Schwester, lieber Bruder, der Kreis schließt sich:

Einst erzählten eure Eltern ihrem Kind oder ihren Kindern, also euch, über das geistige Leben.

Aus der ewigen Wahrheit, aus der ich, Liobani, über eure Schwester, die Prophetin und Botschafterin Gottes, den Eltern und Kindern dieser Erde Gesetzmäßigkeiten übermitteln durfte – vom 1. Lebenstag des Kindes bis zum 12. Lebensjahr –, erlangten die Eltern Einblick in das geistige Leben und in das Fühlen, Denken und Wollen ihres Kindes oder ihrer Kinder – auch in deren Freuden, Ängste und Sorgen.

Bei geistigen Spielen erhielten die Eltern Einblick in das Innenleben ihrer Kinder und erlebten dabei ihre

Kinder, wie sie sind – und nicht, wie sie sich geben. Über ihre Spielkameraden wie Katze, Teddy und Puppe, ebenso über ihre Zeichnungen erfassten die Eltern, womit sich ihre Kinder gedanklich beschäftigen und was sie unbewusst bewegt. Sie erfuhren die tiefen Ängste und Nöte ihres Kindes oder ihrer Kinder ebenso wie ihre lichten Seiten, ihre Freuden, ihre selbstlose Zuneigung und Liebe; und sie erlebten das Glücklichsein der Kinder.

Das alles bewog die Eltern, ein Erkenntnis- oder Lebensbuch für ihre Kinder zu führen. Darin notierten sie gewissenhaft alles Wesentliche und erhielten auch dadurch Einblick und Überblick über die Höhen und Tiefen ihrer Kinder. Und sie erfuhren und erkannten daraus, wie sie auf ihre Kinder zugehen und was sie selbst beachten sollten, um ihren Kindern gute Freunde zu werden.

Gerade über die Spielkameraden wie Katze, Teddy, Puppe gewannen die Eltern immer wieder Einblicke in die Wünsche und Sehnsüchte ihrer Kinder; denn Kinder erzählen oftmals unbewusst ihre kleinen und großen Sorgen ihren Lieblingen. Dabei mussten die Eltern auch erleben, dass ihre Kinder zu ihrer Katze, zum Teddy oder zur Puppe oft eine tiefere Verbindung hergestellt hatten als zu ihnen – weil die Lieblinge schwiegen und geduldig anhörten, was das Kind ihnen zu sagen hatte.

Aus allem konnten die Eltern die Anlagen ihres Kindes, seine Fähigkeiten, Talente und Qualitäten erkennen.

Vieles davon ist im Erkenntnisbuch, dem Lebensbuch des Kindes, aufgezeichnet.

Nun seid ihr selbst Vater oder Mutter geworden. Haben eure Eltern das Erkenntnisbuch für euch geführt und habt ihr von eurem 12. Lebensjahr an die Eintragungen in ein Tagebuch selbst gewissenhaft vorgenommen und führt nun das Gelöbnisbuch, so habt ihr euren ganzen Werdegang in Händen: von dem Tag eurer irdischen Geburt an bis zu dem Tag, an dem euer erstes Kind das Licht der irdischen Welt erblickt.

Wenn ihr es bei euren Kindern ebenso haltet, wie es eure Eltern mit euch hielten, dann könnt auch ihr euren Kindern einst einen reichen Schatz mitgeben, nicht allein mit einer selbstlosen Führung eurer Kinder, sondern auch mit euren Aufzeichnungen ihres Lebensweges.

Wenn ihr also für euer Kind gewissenhaft alles beachtet, was Gott, unser aller Vater, über mich, Liobani, offenbart hat, dann könnt ihr eurem Kind in vielen Lebenssituationen beistehen und es in den Tiefen seines Wesens erkennen.

Im Himmel sind alle Geistwesen untereinander Geschwister, weil sie alle gemeinsam *einen* Vater haben, der ihnen aus Seinem Geiste auch Mutter ist. Die Liebestrahlung Gottes für Seine Kinder ist die Vater-Mutter-Strahlung des Vater-Mutter-Prinzips; sie wird auch der *Vater-Mutter-Gott* genannt.

Obwohl alle Geistwesen untereinander Geschwister sind, so bilden sie doch Familien. Das Ur-Vater-Mutter-Prinzip ist Gott; die Manifestation wird *Ur-Vater* oder auch *Vater Ur* genannt. Alle Kinder Gottes gingen und gehen aus dem Vater-Mutter-Prinzip hervor. Wenn in und an ihnen alle Gesetze der Unendlichkeit entfaltet sind, gehen sie eine Dualitätsverbindung ein.

Auf der Erde wird die Verbindung zweier Menschen Ehe oder Partnerschaft genannt. Im ewigen Sein wird die Verbindung von zwei Geistwesen, eines positiven und eines negativen Prinzips, also eines männlichen und eines weiblichen Prinzips, *Dualverbindung* genannt.

Diese Dualverbindung gilt für alle Ewigkeit, weil im ewigen Sein alles absolut, das heißt vollkommen, ist. In der Dualliebe gibt es keine Schwankungen. Das Dualpaar liebt sich auf ewig gleich.

Aus der Dualliebe entstehen die *Geistkinder*, die wiederum Kinder Gottes sind, da Gott, das all-ewige Gesetz der Liebe, alles, was ist, hervorbringt.

Aus der Dualverbindung entsteht also eine *geistige Familie*. Aus ihr geht der geistige Lebensbaum hervor – du könntest ihn auch geistigen Stammbaum nennen, der, als Ganzes gesehen, die *geistige Sippe* umfasst. Die vielen Familien, die aus einer Stammfamilie hervorgingen und als Ganzes eine Sippe bilden, sind reine Geistwesen, Kinder Gottes. Es gibt im göttlichen Reich also viele Familien und Sippen. Alle Familien der Himmel zusammen bilden *eine* große Familie in Gott – weil alle Kinder Gottes sind.

Der Vater-Mutter-Gott ist das Ur-Vater-Mutter-Prinzip. Der Dualvater und die Dualmutter bilden das Dualpaar. Gott, das Ur-Vater-Mutter-Prinzip, schenkte also über das Dualpaar weiteren Kindern die Kindschaft Gottes.

Wenn Menschen ein Leben miteinander in Frieden und Harmonie führen, so holen sie den Himmel auf die Erde; dann denken, leben und wirken sie *ähnlich* wie die reinen Wesen im Himmel.

Wie ich schon offenbarte, ist in der dreidimensionalen Welt, auf der Erde, alles relativ. Deshalb gebrauchte und gebrauche ich das Wort »ähnlich«. Solange die Erde besteht, wird alles nur relativ, nur ähnlich wie im Himmel, sein; nichts wird absolut sein.

Aber das Denken, Leben und Wirken der Kinder Gottes im Erdenkleid sollte ähnlich sein wie im Himmel!

Gott, unser Vater – das Ur-Vater-Mutter-Prinzip –, wünscht sich, dass sich Seine Erdenkinder dem Göttlichen, ihrem wahren Sein, wieder nähern. Deshalb offenbarte Christus, der Erlöser aller Menschen und Seelen, dass das Reich Gottes, das Friedensreich auf die Erde kommen wird.

Im Weltreich Jesu Christi, dem Friedensreich, sollte es auf Erden ähnlich sein wie im Himmel: Familien sollen sich zu Großfamilien zusammenschließen.

In den Großfamilien sollten die Frauen nicht die sogenannten Heimchen am Herd sein, sondern entsprechend ihren Eigenschaften und Fähigkeiten Aufgaben in der Gemeinschaft übernehmen und so mit den Männern, ihren Brüdern, zusammenwirken. Dann kann sich auch die Frau mit ihren Eigenschaften, Fähigkeiten, Talenten und Qualitäten einbringen, um im Friedensreich Jesu Christi am Leben ganz teilzuhaben.

Abwechslungsweise werden die Frauen, die Schwestern, in der Großfamilie das Haus und die Kinder betreuen; das heißt, sie übernehmen tage- oder stundenweise die häuslichen Pflichten, das Putzen, Waschen, Kochen und Backen.

Besteht schon ein Speisehaus für die Glieder der Gemeinde, in welchem die Gemeinde des Herrn die Gaben Gottes, die Speisen, gemeinsam einnehmen kann, so kann der Aufwand für das Kochen und Backen wesentlich verringert werden.

Für die Kinder besteht das Vater-Mutter-Haus, in welchem sie tageweise oder auch mehrere Tage lang betreut werden. Auch Großeltern können diesen Liebesdienst an den Kleinen ausüben!

Im Vater-Mutter-Haus für Kinder bis zum 12. Lebensjahr, und eventuell darüber hinaus, wird den Kindern vermittelt, was sie zur geistigen und physischen Entwicklung benötigen. Im Vater-Mutter-Haus soll der Geist des Ur-Vater-Mutter-Prinzips wirksam sein: die selbstlose Liebe zu allen Kindern, ohne Ausnahme – einerlei, ob

das eine Kind gehorsam oder das andere noch unge-
horsam und schwierig ist.

Wenn diese und weitere Einrichtungen auf der Erde
geschaffen sind, werden sich immer mehr Menschen
im Geiste Gottes verbinden – bewusst als Bewohner
des Friedensreiches Jesu Christi.

Liebe Schwester, lieber Bruder, das Friedensreich,
das Weltreich Jesu Christi, entsteht. Auch du solltest
ein Bewohner des Reiches Gottes auf Erden sein!

Immer mehr Menschen setzen sich für das Weltreich
Jesu Christi ein, indem sie sich für Christus entscheiden.

Auch ich, Liobani, durfte einen kleinen Beitrag aus
dem ewigen Reich für das Friedensreich Jesu Christi
auf Erden bringen. Dankbar neige ich mich vor dem
Allerhöchsten, dessen Tochter ich bin.

Von der inneren, selbstlosen Liebe beseelt und
erfüllt von Freude darüber, dass viele Kinder, Jugendliche und Erwachsene den Ruf des Herrn durch Seine
Prophetin und Botschafterin hören und den Weg der
selbstlosen Liebe gehen – und die Wahrheit auch in
den Büchern »Liobani« finden und verwirklichen –,
verabschiede ich mich von meinen Geschwistern im
Erdenkleid mit den Worten:

Ich bin mit euch verbunden in alle Ewigkeit.

Friede, meine lieben Brüder und meine lieben
Schwestern im Erdenkleid

Liobani

Weitere Bücher …

Eine Biographie
von Matthias Holzbauer

Die Gesandte des Christus Gottes, Seine Prophetin der Jetztzeit, Gabriele

„Noch vieles habe Ich euch zu sagen, aber ihr könnt es jetzt nicht tragen. Wenn aber jener kommt, der Geist der Wahrheit, wird Er euch in die ganze Wahrheit führen." So sprach Jesus von Nazareth vor zweitausend Jahren.

Gabriele ist der lebende Beweis dafür, dass Gott sich auch heute, in unserer Zeit, nicht den Mund verbieten lässt. Denn der freie Geist weht, wo Er will.

Sie ist der Beweis dafür, dass Gott, unser aller Vater, Seine Kinder liebt. Denn Er lässt uns nicht alleine - auch nicht in einer Zeit der Umwälzungen und Katastrophen, in die wir Menschen uns selbst hineinmanövriert haben.

Lesen Sie die Biographie einer Frau aus dem Volk, an die der Ruf Gottes erging, Ihm als Dolmetscherin Seines Wortes, als Prophetin zu dienen. Und sie nahm diesen Ruf an. Hundertprozentig. Bis heute.

Jedes Buch enthält 2 CDs:

CD 1: „Tiefenatmung" und „Verweile in Dir", 2 Meditationen, gegeben von Gabriele

CD 2: „Den einen Gott verschmäht ihr und glaubt an die ewige Verdammnis. Ich bin der Gott der Liebe", eine Offenbarung Gott-Vaters

316 S., geb., ISBN 978-3-89201-332-7

Der Jugendliche und der Prophet

Gabriele geht auf die direkten Fragen aus dem Leben des Jugendlichen ein. Keine verstaubte Moral von gestern, sondern eine lebendige Ethik: mit Lebensfreude und Achtung vor sich selbst, vor seinen Mitmenschen, der Natur und den Tieren.

Als Broschüre: Gratis.

Als Hörbuch: 3 CDs, ISBN 978-3-89201-206-1, Euro 12,90

Horror astral

Das klingt erschreckend, doch wer dieses Buch liest, der erfährt: Nicht die Worte sind erschreckend, sondern die realen Abläufe, die damit beschrieben werden. Der Inhalt dieses Buches gibt Einblick, wie es „drüben" zugeht, wie sich z.B. erdgebundene Seelen aus dem Jenseits in Menschen sozusagen „einhacken" können, wie bei einem Computer, um deren Energie für sich zu vereinnahmen. Denn: Das Diesseits ist vom Jenseits nicht getrennt.

110 S., geb., ISBN 978-3-89201-333-4. Euro 14,90

Das Leben und Sterben, um weiterzuleben

176 S., geb., ISBN 978-3-89201-335-8. Euro 12,80

Reinkarnation

Eine Gnadengabe des Lebens. Wohin geht die Reise meiner Seele?

96 S., kart., ISBN 978-3-89201-273-3. Euro 9,80

JESUS war ein Mann des Volkes - nicht der Kirche!

Das ist Mein Wort
A und Ω

Das Evangelium Jesu
Die Christus-Offenbarung, welche inzwischen die wahren Christen in aller Welt kennen

Vieles, was Jesus lehrte, blieb den Menschen verborgen, denn in der heutigen Bibel steht nur, was Hieronymus (4.Jh.) in die Bibel aufnehmen durfte. In dem göttlichen Offenbarungswerk „Das ist Mein Wort" lesen wir von Christus selbst die Wahrheit über Sein Leben, Denken und Wirken als Jesus von Nazareth.

Aus dem Inhalt: Kindheit und Jugend Jesu · Die Verfälschung der Lehre des Jesus von Nazareth · Pharisäer gestern und heute · Jesus liebte die Tiere und setzte sich immer für sie ein · Die Bergpredigt · Sinn und Zweck des Erdenlebens · Voraussetzungen für die Heilung des Leibes · Vom Wesen Gottes · Gott zürnt und straft nicht. Das Gesetz von Ursache und Wirkung · Die Lehre der „ewigen Verdammnis" ist eine Verhöhnung Gottes · Über Tod, Wiedergeburt und Leben · Gleichstellung von Mann und Frau · Die kommende Zeit und die Zukunft der Menschheit · Die wahre Bedeutung der Erlösertat Christi u.v.a.m.

Mit Audio-CD der Originalaufzeichnung eines Göttlichen Prophetischen Heilens, gegeben durch Gabriele, die Prophetin und Botschafterin Gottes für diese Zeit; außerdem eine kurze Autobiographie von Gabriele, inklusive Kohlezeichnung.

1128 S., geb., Euro 19,80. ISBN 978-3-89201-271-9

Ursache und Entstehung aller Krankheiten

Was der Mensch sät,
wird er ernten

Eine fundamentale Christus-Offenbarung aus dem Jahr 1986.
„In dieser Offenbarung gebe Ich einen Überblick, wie der Fall zustande kam, wie die ersten Ursachen geschaffen wurden, die sodann weitere Ursachen und Wirkungen nach sich zogen; denn dadurch entstanden das Leid, die Not und die Krankheit. Zugleich jedoch gebe Ich Einblicke in die ewigen Gesetze Meines Vaters und zeige, wie der Mensch Ursachen verhindern oder rechtzeitig beheben kann, bevor sie wirksam werden: Ich zeige, wie durch das Verhalten des Einzelnen Wirkungen gelindert oder aufgehoben werden können."

Dieses umfassende Werk schenkt völlig neue Kenntnisse über die Grenzbereiche zwischen Geist und Materie und über die Abläufe im Inneren des Menschen, die zu Krankheit oder zu Gesundheit führen.

Aus dem Inhalt: Die Trennung vom Einheitsbewusstsein und die Entstehung der Materie * Die Unendlichkeit ist in beständiger Ausdehnung und Evolution * Die Störung der Erdmagnetfelder und Magnetströme * Geistbewusstsein, Ober- und Unterbewusstsein * Jedes Organ ist Schwingung, Farbe, Klang * Wirkungsweise der Naturheilmittel * Die Chance der Reinkarnation * Die Quanten, die geistigen Energieträger u.v.a.m.

336 S., geb., Euro 18,00. ISBN 978-3-89201-213-9

**Bestellen Sie gratis das aktuelle Gesamtverzeichnis
aller Bücher, CDs und DVDs sowie
„Botschaften der Wahrheit" und Broschüren
zu folgenden Themen:**

* Hilfe für Kranke und Leidende

* Trost in Not und Leid

* Sie sind nicht allein

* Erfülltes Leben bis ins
  hohe Alter

* Die Bergpredigt - der Weg zu
  einem erfüllten Leben

* Die Zehn Gebote Gottes -
  ausgelegt mit den Worten
  der heutigen Zeit

* Reinkarnation - Eine Gnadengabe des Lebens

* Der Lebensrücklauf - mit
  Christus sich selbst überwinden, um zum Leben zu finden.
  Denn man lebt nicht nur
  einmal.

* Sie leben ewig - es gibt
  keinen Tod

* Lebens-Perlen für Sie

* Jesus und die Tiere

Gabriele-Verlag
Das Wort

Max-Braun-Str. 2, 97828 Marktheidenfeld, Germany
Tel. 09391/504135, Fax 09391/504133
www.gabriele-verlag.com